Simplemente Autismo

Xiomara Berland
"La Paloma"

Table of Contents

Dedicatoria

Este libro lo dedico al Autismo por ser un flagelo de nuestros tiempos que ataca por sorpresa tomando a sus victimas sin pedir permiso, ó sea sin previo aviso, como lo hacen las serpientes con cada uno de sus victimas.

Aquí no hay culpables, solo inocentes que poco a poco y sin saberlo van cayendo en este pozo cada vez mas profundo, y mas enredado como las redes de una tela de araña gigantesca.

Salir de este enredo es casi imposible pero tenemos muchas formas de evitar llegar al fondo del pozo, tenemos que empezar por reconocerle a tiempo, aceptarlo t como dirían en mi pueblo literalmente "Tomar al torro por los cuernos"; Para esto es este libro para Aprender a tomarlo por los cuernos, la guerra es larga y no podemos descansar, ya que cada pequeña batalla que ganemos es importante.

Entonces convirtámonos en los guerreros más audaces y comencemos a luchar.

Prologo

Ayer Mayo 4/1997 acaban de enterrar a unos hermanitos gemelos hecho que pudo haberse evitado, acusan de este lamentable incidente a su hermano mayor de 17 años de edad que tomo a los niños y los lanzo desde el sexto piso del edificio en donde vive toda la familia.

Según la prensa la mamá se quedo dormida agotada por el cansancio que produce cuidar de dos pequeños, fue entonces cuando ocurrió esta tragedia. El hijo de 17 años es un niño con (Autismo) que además tiene cierto nivel de retaso mental y por si fuera poco tiene un tumor en el cerebro, y aunque su edad biológica es de un joven de 17 años su edad real es la de una criatura de 3 años.

Esta tragedia toma lugar en la ciudad de Miami, Florida en los Estados Unidos de América.

A muchas millas de aquí se da otro caso impactante con otro niño este ocurre en Colombia, ellos vivían en una total pobreza, un pueblito de campo que este niño no tenia ni tan siquiera una cama donde dormir, además se la pasaba amarrado todo el tiempo pues cerca de allí existe un río y el no sabe nadar y para todos los que sabemos de este síndrome no es un secreto que a todos ellos le fascina el agua, por lo tanto el peligra de que este chico pudiera morir ahogado era sin duda alguna eminente. Debido a esto muchos de los niños del barrio se reían de él y le decían nombretes etc.

Primero: por que los chicos no conocen el daño que pueden ocasionar con estas cosas.

Segundo: Porque sus padres no los regañan y les enseñan correctamente.

Tercero: Por que es posible que sus propios padres no tuvieran la información adecuada para enseñarles.

Cuarto: Me atrevo a asegurar que ni los propios padres del chico sabían a que se estaban enfrentando ni que grande es su responsabilidad para con su hijo y para con Dios.

Todos estos sucesos que lamentablemente ocurren en todas partes con más frecuencia de lo que quisiéramos me han dado la pauta para seguir adelante con este proyecto sobre "El Autismo."

Este libro le he titulado "Simplemente Autismo" Aquí trato de abarcar los puntos que considero son esenciales que todos sepan para que obtengan una información general lo mas completa posible que de algún modo pueda ayudar en algo para que casos tan tristes y tan lamentables como estos no se repitan ó al menos sean cada vez menos vistos en nuestra sociedad.

Estos niños necesitan de nuestra ayuda, estas familias necesitan de nuestro apoyo para poder de algún modo mejorar la calidad de vida de toda la familia ya que cuando esto ocurre toda la familia termina por contraer el síndrome si no hacemos algo rápido y eficaz al respecto.

El autismo también tiene repercusiones importantes que nos afectan a todos como sociedad., de esto hablare mas adelante.

Derechos por nacer

Es importante que antes que nada tu pequeñito conozcas tus derechos por nacer:

1. Amarnos (aceptarnos tal y como somos).
2. Reír (tu risa es como el sol brillante en un día de primavera, mantén tu infantil ingenuidad, tu responsabilidad llegara a tu vida en su momento.)
3. Derecho a ser feliz (será tu recompensa por todo lo que hayas echo por ti y por tu prójimo.)
4. Tu cuarto derecho es el éxito (poder y riqueza del universo)
5. A llevar el nombre que tienes.
6. Acéptate como eres (cuando esto ocurre todas las cosas de nuestra vida van bien, todo lo que declamas se sucede en forma de pequeños y grandes milagros).
7. Derecho de expresar libremente tus emociones.
8. No te critiques jamás bajo ningún concepto, ni critiques a los demás, la crítica nos invalida sobre todo si es mal intencionada, pues nuestra mente no sabe distinguir si hablas de ti ó de otra persona, ella literalmente acepta como buenos nuestros conceptos, los graba y

nos los devuelve con una emoción en el momento requerido.

9. Es el perdón (perdonar de corazón a los que nos rodean y a nosotros mismos: perdonar rompe las murallas visible é invisible que nos atan al fracaso, y a la frustración).

10. Poder (tu momento de poder es ahora, el pasado no es tuyo, no te perteneces ahora tu hora de poder).

11. Nunca te juzgues y menos te condenes (tus actitudes mentales son determinantes en tu vida, tu mente es como la tierra te devuelve todo lo plantado en ella)

12. El poder de tu mente es ilimitado (recuerda que tu eres el único pensador de tu mente, por lo tanto tu escoges tus pensamientos)

Vuela, vuela tan alto como lo deseas que nada ni nadie sea capas de detener tu vuelo hasta encontrar lo que buscas.

La palabra Autismo significa: ensimismamiento (recogimiento en la intimidad de uno mismo, desentendido del mundo exterior, por contraste con alteración, ó independencia extrema.

En el año1990 la organización de la ONU DEJO DE CONSIDERAR AL Autismo como una enfermedad mental considerándola como una menos valía de los trastornos globales del desarrollo.

Cuando terminemos de hacer este estudio usted tendrá la oportunidad de formarse su propio juicio al respecto.

Manifestaciones de conducta

De acuerdo a algunos estudios (bajo investigación) se dice que el Autismo no es producido por un gen, sino por la combinación entre dos a 12 de ellos

Manifestaciones de conducta:

1. Se muestran indiferente a su ambiente
2. No responden a la figura humana
3. Respuestas raras ó extrañas a diferentes aspectos del ambiente.
4. No establecen contacto visual, miran hacia otro lugar ó miran a través de la persona, pero no a la persona.
5. Sus respuestas faciales son nulas
6. Rechazan el afecto y el contacto físico
7. No responden cuando se les llama
8. Actúan como si fuesen sordos
9. Deterioro total en las comunicaciones
10. Se caracterizan por jugar con objetos inanimados moviéndolos en forma circular
11. Caminan en las puntas de los pies
12. Movimientos repetitivos de las manos delante de los ojos, balancear, brincan muy a menudo
13. Miran fijamente superficies brillantes por mucho tiempo
14. Se cubren los oídos con las manos, antes sonidos agudos ó fuertes

15. Producen sonidos propios repetidamente
16. Se esconden cuando hay ruidos fuertes
17. Golpean objetos con las manos rítmicamente ó con algún objeto golpea el piso
18. Se masturban, se hacen cosquillas, se golpean y otras maneras de auto estimularse
19. Huelen todos los objetos insistentemente
20. Rechazan los alimentos que son estimulantes y tienden a tragar los alimentos sin masticar
21. Tolerancia limitada a varios sabores
22. Rabietas, llantos y berrinches sin causa aparente
23. Rizas injustificadas
24. Precocidad marcada en la organización al cambio de objetos, acompañado de rechazo enérgico al cambio de rutina.
25. Coordinación motora precoz (precisión, exactitud habilidad manual extraordinaria)

Esta lista la tome del libro "Autismo Orientación y Alerta" Si se observa algunas de las antes mencionadas con frecuencias es importante hacer un chequeo, examen neurológico, auditivo, visual además del general convencional.

Los niños autistas sufren por percibir demasiada intensidad, con muy poca intensidad ó con un modo confuso las sensaciones, de modo tal que el niño se aísla de su modo circundante y se concentra en asimismo y en alguna experiencia para evitar su malestar.

Aquí le pongo algunos ejemplos de lo que hacia mi hija Mary:

1. Antes de tomar ó comer nada olía todos los alimentos.
2. Se cubría los oídos con las manos antes los sonidos muy fuertes o agudos
3. Saltaban en las camas y trepan en los muebles buscando altura.
4. Su conducta es en ocasiones repetitiva
5. Cuando hablábamos con Mary y Ernest no nos miraban a los ojos, sino a sus manos y sus movimientos eran circulares y repetitivos.

Cuando nuestros hijos presenten este tipo de conductas tienen que ser llevados para determinar si tienen en realidad el Síndrome del Autismo y en que nivel de acuerdo a su conducta.

Esta evaluación consiste en:

1. Híper sensitiva visual
2. Híper sensitiva auditiva
3. Híper sensitivo táctil
4. Híper sensitivo del justo
5. Híper sensitiva del olfato

El síndrome del Autismo tiene diferentes niveles dependiendo de que tan fuerte es la condición de la persona involucrada:

1. Síndrome de Asperger
2. Síndrome de Rett
3. Autismo Atípico
4. Síndrome de desenterramiento de la niñez
5. Trastornos del desarrollo no especificado

Porque yo

De acuerdo al libro "La vida antes de la vida" escrito por la psicóloga Helen Wanibach en el cual ella explora bajo hipnosis a setecientas cincuentas personas, estos revivieron extraordinarios momentos de días y meses ante de su aparición en el mundo por su nacimiento estas son casi sus palabras textuales con la que ella presenta su libro.

Aunque aun no termino de leer el libro en su totalidad la mayoría de todos nosotros elegimos venir a la tierra y elegimos además todos nuestros problemas, contra tiempos y todo lo que va a hacer nuestra vida, he aquí la frase que diría "Cada uno ya nace con un destino" un destino que después podemos mejorar pero del que nunca nos podremos escapar son pruebas que necesitamos para crecer espiritualmente y que en la mayoría de los casos repito, hemos elegido voluntariamente. Y que permanecen dormidos en nuestro subconsciente.

Espero que esto conteste con mas claridad la pregunta que todos nos hacemos cuando nos sentimos frustrados e impotentes ante cualquier situación.

Nuestro verdadero yo, el que habita dentro de nuestro cuerpo, no muere jamás ¿Porqué?

Porque no es materia y solo la materia se pudre y se destruye, nosotros utilizamos la materia como la casa de nuestro entidad, para poder funcionar en este planeta, es por ello que un día dejamos de funcionar, por que como materia este al fin un día se ha de destruir. Pero siempre que tengamos algo nuevo que aprender ó enseñarle a otros seguiremos regresando tomando otros cuerpos, formas nuevos nombres y nuevas y maravillosas experiencias.

El ser no tiene sexo, podremos ser hombre y venir de mujer en la próxima vida ó viceversa todo va a depender del propósito de la vida misma.

Recomiendo leer este libro tiene en el mercado otro libro muy interesante llamado "Muchas vidas y muchos sabios" también trata sobre esta temática.

¿Por qué yo? esta es una pregunta que todo padre y toda madre nos hacemos cuando cosas como estas ocurren en la familia, pues de un sabor dulcemente triste, dulce por que la llegada de un niño es siempre una bendición del cielo mandada por Dios para alegrar nuestros hogares y traer nueva esperanza a la tierra, es además la perpetuación de la raza, la continuidad de nosotros mismo, la semilla del amor etc.

Tristeza por que todos deseamos ver a nuestros hijos buenos, sanos, y felices sin ningún tipo de problemas para que de esta manera puedan enfrentarse a los difíciles reto que les pondrá la vida y salir delante de la mejor manera posible de acuerdo a su educación, preparación, y su espiritualidad (creencias religiosas). Por ello es dulcemente triste.

Yo mirándolo desde el punto de vista espiritual, ciento con la mayor honestidad lo siguientes. Estos niños son sin duda alguna especiales y por tanto necesitan padres especiales para que cuiden de cada uno de ellos y guíen sus pasos por la vida, creo

además que nosotros mas que ser seleccionados hemos elegido todas estas pruebas ó caminos antes de nacer lo que es lo mismo antes de encarnar en la materia que es nuestro cuerpo para poder transitar en nuestro planeta, pues no es un secreto para nadie que somos una trinidad, cuerpo, alma y espíritu.

¿Qué logramos con esto?, Entre otras cosas logramos crecer espiritualmente, aprender a tener paciencia, constancia, perseverancia, y tenacidad, pero mas importante aun aprendemos a valorar el valor que tiene todos ellos para desde ese mundo tan frágil, pequeño e indefenso crear sus propias defensas y poder sobrevivir.

Yo he aprendido a no tener lastima por ningún mal llamado impedido pues estos tienen mas valor que muchos que no son "impedidos" pues la mayoría de ellos tienen un gran valor para enfrentar las dificultades y esto los enardece y los agranda convirtiéndolo en pequeños gigantes, que no dejan escapar las pocas oportunidades que la vida le ofrezca, sin embargo nosotros los no impedidos muchas veces dejamos escapar las oportunidades que la vida nos pone enfrente por cobardía, temores infundados, inseguridades, siendo entonces enanos raquíticos y perdiendo así muchas buenas oportunidades.

Desde la parte humana considero que tenemos el deber y la obligación de hacer todo lo que este a nuestro alcance para ayudar a quienes están en desventaja con respecto a los demás puesto que ellos no tienen en ningún modo culpa alguna de lo que les esta tocando vivir, pues aun cuando su espíritu antes de llegar al planeta halla elegido pasar por esta prueba , la parte humana no lo reconoce así, y ello no pidieron nacer, ó no nacer, nosotros por amor lo concebimos y con ese mismo amor debemos de velar por ellos, esto se extiende también a la sociedad en general pues les juste ó no pues todos y cada uno de ellos forman parte de la sociedad en la que todos compartimos nuestras vidas.

Todos unidos como hijos de Dios tenemos que seguir luchando para alcanzar la luz en este camino de obstáculos y sombras para que algún día el autismo pase a ser una vieja pagina perdida en la historia de la humanidad. Que DIOS les bendiga a todos y no perdamos nunca la fe y la esperanza recuerden "Que no hay peor batalla que aquella que no se da".

Observaciones escolares

Aquí les presento algunas observaciones escolares:

Les voy a hablar de Pedro un niño que como mi hijo tiene Autismo y que hasta hace poco se encontraba en su misma aula, Pedro fue cambiado a otra aula donde se encuentran los niños con un nivel de Autismo mas complejo, él comenzó en la escuela a tomar sus clases especiales mucho antes que mi hijo pero lastimosamente no a avanzado lo que se esperaba, aun no va al baño a hacer sus necesidades (usa pañales) yo opino que si Pedro no ha avanzado es:

1. Por que tiene otro tipo de dificultad que le esta impidiendo hacerlo, ya sea física ó emocional producida por la misma discapacidad.
2. Porque en ocasiones el problema principal esta en la casa, me explico.

Muchas veces los padres tendemos a sobreproteger a nuestros pequeños, en muchos de estos casos se les trata con lastima consintiéndolos demasiado, esto impide que el niño se desarrolle a su mayor capacidad haciendo que el problema se agudice día a día sin obtener desgraciadamente resultados positivos.

En la clase de la profesora Osorio y Miss Didson uno de sus estudiantes cuando llega la hora de regresarse a la casa llora esto ocurre todos los días pues él se siente en la escuela dentro de su pequeño mundo, pues al recibir los cuidados especiales que allí se les dan se siente protegido, además de que al haber otros niños con su misma condición tiene con

quien identificarse y se ve reflejado en ellos esto lo hace sentir acompañado, por otra parte las maestras lo tratan con mucho cariño aunque tiene que seguir las reglas al igual que los demás, para él este es su pequeño paraíso.

Consejos prácticos y necesarios

En mi libro "Yo soy un niño Autista" hablo acerca de este tema y doy varios consejos pero en este caso solo les voy a presentar los que yo entiendo son los mas importantes, los que toda persona que viva con alguien que tenga esta condición debe de seguir,

además les voy a dar algunos de los que aparecen en la lista del folleto de la "Asociación Americana del Autismo" y a los que yo con mi modesta experiencia considero que son importantes, espero que los pongan en practica y que sean de utilidad para todos en general, pues la familia se ve también afectada por este síndrome, además estos consejos sobre guardaran la seguridad de los niño y los ayudaran a tener un mejor aprovechamiento de todos las cosas que traten de aprender.

1. No importa lo difícil que sea la situación trate de mantener el buen humor cualquier disgusto es menor cuando hay una sonrisa, disfrute el buen humor de su hijo.
2. La rutina diaria debe de organizarse para tener tiempo para otros niños y miembros de la familia. Es importante que ellos no se sientan sin afecto, lo aconsejable es envolverlos en la situación, darles palpitación para que al ayudar se sientan necesarios y parte de la familia.

3. Debe de acondicionarse dentro de la casa algún lugar seguro donde ellos puedan jugar sin correr ningún peligro, para esto se recomienda un cuarto dentro de la casa, y si vana estar en el patio este debe de tener una cerca alta y siempre que sea posible debe de haber una persona mayor responsable que los supervise, no se debe de colocar ningún equipo de juego pegado a la cerca.

4. En vista que ellos no tienen conciencia del peligro las puertas de la calle, puertas que dan a la cocina, deben de tener una cerradura con llaves y estas deben de mantenerse fuera del alcance de los niños, en un lugar que solo los adultos conozcan.

5. Las ventanas deben de tener rejas, dejando siempre alguna con combinación para poder escapar en caso de un incendio etc.

6. Cuando un niño grita ó se enfurece por que su rutina ha tenido que ser cambiada y su niño se saca de su centro pues no quiere hacer dicho cambio lo mejor es ignorarlo.

7. Cuando este en el proceso de enseñarle algo recuerde que tendrá que ser muy paciente y constante solo así con la constancia y el tiempo lo aprenderá dependiendo de su capacidad, mas no se desespere pues no hay una cura mágica para esto y no debe sacrificar a toda la familia todo el tiempo por uno de sus miembros.

8. Por regla general son muy hiperactivos así que denle algo que hacer que les juste para que lo disfruten este es el mejor método para controlar eso. Cuando un niño se vuelve compulsivo en su conducta hay que restringirlo en esa actividad.

9. Los niños ó personas con Autismo no se les pueden dar la oportunidad de ignorar una orden que le ha sido dada la instrucción debe de ser clara, corta y precisa, una sola a la vez Ej.: cierra la puerta.

10. Nunca asuma que el niño entiende lo que usted le esta diciendo, las palabras tienen que ser reforzadas por movimientos corporales.

Los misterios del cerebro

La sede de nuestro yo mas intimo parece estar en la porción del tejido nerviosos del cerebro alrededor de los ventrículos cerebrales. Es aquí, si donde están en alguna parte el sitio que controla cuando nos sentimos abatidos, optimistas, enfadados, ó tranquilos.

La destrucción de estas regiones cerebrales son mucho más catastrófica que la destrucción de la corteza cerebral de evolución mucho mas reciente.

El cerebro esta compuesto de células nerviosas y neuroglia les el libro sobre biología molecular constituye un fundamento.

Las estructuras de las relaciones en el mundo de la perfecciones se reproducen como hechos fisiológicos del cerebro. De acuerdo al libro "El cerebro" no hay fantasma en la maquinaria del cerebro todo es una cuestión de física y química. La comprensión de la ciencia cerebral de nuestros tiempos depende del conocimiento previo de la termodinámica y de las zonas de las membranas de las soluciones acuosas.

Los cerebros humanos son muy grandes comparados con los demás, un cerebro adulto corriente pesa unos 1.350g. Y esta formado por unas 30.000.000.000 de células nerviosas.

Las células del cerebro humano no se reproducen y se destruyen más de mil al día durante la vida del adulto. La base física de la memoria es aun una discusión más abierta pues investigaciones parecen indicar que su base podría ser molecular.

La ciencia del cerebro es muy importante que según Hipócrates el hombre deba conocer.

El cerebro humano esta formado por mas de cinco mil millones de neuronas en la corteza cerebral púedse comunicarse por lo menos con otras seiscientos y seguramente con muchas mas.

Entonces, ¿Qué pasaría si esta conexión se rompe?, ¿Tendrá eso algo que ver con el Síndrome de AUTISMO?

Muchas de las maneras de comportarse identificadas por los psicólogos y los profanos han resultado ser debido a unos grupos de células situados en el tallo encefálico, la región mas importante de todas parece ser el hipotálamo.

El hipotálamo puede considerarse como el extremo anterior de las columnas de la sensibilidad y la movilidad.

En la corteza cerebral del hombre se reconocen seis capas de células, las cuales son de mi diversos tipos. Encerado en la capsula formada por el cráneo el cerebro necesita la sangre que le llega por las carótidas, las arterias y vertebrales para obtener su parte nutritiva y su oxigeno y para deshacerse de sus productos catabólicos.

Linus Pauling señala que el cerebro al parecer es más sensible a su constitución química de su medio interno que cualquier otro órgano interno de nuestro cuerpo. Linus Pauling opina: que disturbios mentales se deben a una deficiencia química que baña el cerebro.

Este capitulo es de vital importancia para todos aquellos que padecen de cualquier enfermedad mental, incluyendo a los que padecen del síndrome del Autismo, seria cuestión de analizar la sangre, suministrarle las vitaminas que tuviesen en deficiencias por un periodo de tiempo, y el mismo arrogaría los resultados al respecto.

Estos datos los acabo de tomar del internes hoy día 29 de julio de 2013y dicen lo Siguientes (son específicos para las personas mayores).

Doces consejos para la salud del cerebro:

1.   Comer menos
2.   Hacer deportes regularmente
3.   Ejercitar la mente todos los días
4.   Viajar mucho
5.   Vivir acompañado
6.   Adaptarse a los cambios
7.   Evitar el estrés crónico
8.   No fumar
9.   Dormir bien
10.   Evitar el apagón emocional
11.   Agradecer
12.   Disfrutar de las pequeñas cosas que la vida nos da, sin tener que hacer esfuerzos

Tipos de comidas que ayudan a que el cerebro se mantenga bien: (para toda la familia)

1.   Espinacas, agua y vino tinto
2.   Salmón
3.   Pastas
4.   Nueces
5.   Frutas rojas
6.   Lentejas
7.   Vitaminab9

Conocernos:

Todos queremos conocernos asimismo, para nuestro asombro y aunque parezca increíble la mayoría de nosotros los humanos no nos conocemos asimismo.

Conocernos es una palabra corta pero de una profundidad gigantesca, significa entre otras cosas saber quienes somos, que queremos para nuestras vidas, como esta formada la increíble maquinaria de nuestro cuerpo, y cual es el verdadero sentido que tiene nuestra estadía en este planeta, significa que tenemos que educarnos no solo a nivel profesional sino también a nivel espiritual, aunque a muchos no les juste hablar de esto, mientras no lo hagamos tendremos nuestra mesa coja," le faltara una de las partes mas importantes" ya que la espiritualidad es la parte mas importante de nosotros pues es sin duda nuestra verdadera identidad, la que no muere nunca, la que viaja a través del espacio cósmico, la que nos da vida , no tengas miedo y aprende quien realmente eres, veras que a partir de ahí todo te será mas fácil de entender, recuerda que Dios te ha de guiar en tu aprendizaje, no encontraras mejor maestro que él.

Regresando una vez más a nuestro cuerpo físico tenemos que decir que conocer el cerebro, su estructura y funcionamiento es uno de los objetivos más relevante y preocupante de la humanidad.

A grandes rasgos el cerebro es una masa de gelatina gris arrugada que esta situada en el interior de la bóveda, este órgano juega un papel superior como la base física de la vida humana de aquí su gran importancia.

Ya sabemos que las personas que tienen el síndrome del Autismo no ven de la misma manera que quienes no lo tenemos, sabemos además que el taxo no experimenta la misma sensación de la misma manera en que nosotros la experimentamos etc.

La memoria:

La memoria es una de las muchas facultades que tiene el cerebro para almacenar datos, digamos que es el disco duro de nuestra computadora personal, pero además tenemos otro tipo de memoria que también posee el cerebro y de la que poco se habla y es la memoria inmunológica, esta consiste en como después de una infección por un antígeno en particular el organismo permanece durante un periodo de tiempo inmune a cualquier invasión exterior, ó sea la lección fue aprendida.

La memoria es el cambio estructural, el recuerdo es la localizaron de este cambio estructural por la mente.

Los recuerdos no están localizados en ninguna región en particular del cerebro sino que se encuentran repartidos por toda la capa tisular de toda la corteza cerebral.

La mente y la memoria

Antes de comenzar este nuevo capitulo quiero darles una pequeña introducción para que entiendan que me motiva a utilizar en busca de respuestas posibles al tema que nos atañe en estos momentos.

Cuando una familia descubre que uno de sus hijos ó mas de uno presenta este tipo de condición sobre todo cuando en la familia nunca antes ha existido esta condición con anterioridad todos pasan por distintas etapas hasta finalmente llegar a la aceptación total y comenzar como diríamos en mi tierra de origen (Cuba) a "tomar el torro por los cuernos," comenzamos a luchar a favor de la persona afectada y en contra del síndrome que nos lo quiere robar por completo en la mayoría de los casos, mas al paso del tiempo descubrimos para nuestra sorpresa que el síndrome no solo ha afectado a la persona ó miembro de la familia que lo lleva sino que también ha afectado a toda la familia y que tenemos que (Desintoxicarnos) para poder brindarle a nuestro ser querido una ayuda efectiva.

Entramos entonces en varias etapas, estas pueden ser cruciales para el núcleo familiar de como lo manejemos depende que este no se destruya pues los hombres en la mayoría de los caso no asimilan estas situaciones como las mujeres, entrando en una etapa de depresión que no saben como manejar, esto trae muchos problemas dentro de la familia, comienzan a sentir que no sirven como hombre pues no han podido traer hijos "normales" a este mundo, luego debido a la ignorancia empiezan el proceso de echarle la culpa a la esposa, comienzan las discusiones y el hogar se transforma en un pequeño infierno para todos, afectando también a los demás hijos que tengan doblemente, pues los afecta el tener a uno de sus hermanitos con una condición que ellos de por si no entiende y a esto le tenemos que añadir las discusiones de sus padre, tenemos que cuidar de nuestros otros hijos, no podemos ponerle una carga tan grande encima.

Yo personalmente viví este infierno y en dos ocasiones mi pareja llego a pedirme el divorcio, yo confieso que yo estuve en una ocasión al punto de irme con los niños pues no aguantaba mas sus malos tratos, "gritos, insulto etc."

Entonces tuvimos una conversación muy seria y finalmente logramos pasar estas etapas tan difíciles juntos, nuestro matrimonio duro casi 30 años hasta que él muere de la enfermedad de "Enfisema pulmonar".

En muchos casos los hombre abandona a sus parejas dejándole así todo la responsabilidad a la madre, en otros casos se dedican por completo a su trabajo y esto es lo mismo que si no estuvieran, proveen todo y mas de lo que necesita la familia para vivir, pero el tiempo que comparten con los hijos es muy poco y no aprenden lo suficiente del síndrome para poder tener tiempo de calidad con ese hijo y todos los demás.

Es cuando estas cosas ocurren mas que nunca que la pareja y familiares en general se deben de mantener mas unidos que nunca dándole a este niño/a toda la atención y el cariño que necesita sin dejar de un lado a los demás pequeños, hay que explicarles a ellos lo que pasa con su hermanito/a y hacerlos participe del método que se va a utilizar para ayudarle, así ellos entenderán y no se sentirán renegados, al participar la pareja tiene que mantenerse en constante comunicación, tiene que llorar juntos y afrontar la situación juntos ya que esta batalla será para toda la vida, pues el Autismo aun no tiene cura, pero si tiene muchas cosas que les pueden ayudar a llevar una vida mejor dependiendo del grado de Autismo que tenga la criatura.

Es muy importante que ambos padres sepan que ninguno de los dos es culpable ó responsable de que el hijo tenga esta condición, pero que si son responsable de hacer todo lo posible por sacarlo adelante, ya que Dios los escogió para ser los maestros y guías de estas almas que van a pasar una prueba tan dura y difícil para su mayor crecimiento espiritual en este plano.

Es así como en este camino lleno de piedras y dificultades todos podemos aprender grandes lecciones llevándonos de la mano unos a otros. Las emociones estarán a flor de piel y se manifestaren de la siguiente manera:

1.   La incredulidad
2.   La rabia
3.   La impotencia
4.   La frustración
5.   La desesperación
6.   La aceptación

Esto ocurrirá sobre todo cuando sea la primera vez y sobre todo si no hay ningún caso de algo parecido en la familia hallas ente, el echo de no saber como manejar algo de esta magnitud ara que nos sintamos frustrados, consejo "No se frustren busquen ayuda lo antes posible, lean folletos, vayan a reuniones de familias que ya están trabajando con estos casos, etc.

Dando un viaje al interior de nuestro cuerpo y nuestros antepasados podrimos canalizar muchos de estos aspectos, lograríamos un mejor equilibrio y podríamos ver y analizar cuidadosamente este nuevo reto que nos pone la vida con más claridad y más calma.

Esto nos permitirá dos cosas muy importantes:

Entender mejor el proceso:

Poder ayudar mejor a nuestro ser querido dándole así todas las herramientas que va a necesitar para poder desarrollarse a su máxima capacidad.

Es por ello que buscando nuevas y posibles respuesta tome como referencia de estudio el libro escrito por la doctora: Teresa Matta titulado "Un viaje hacia tu interior" este libro no tiene nada que ver con el Síndrome sin embargo se sorprenderían con todo lo que aprenderían del mismo al igual que lo hice yo, tuve el placer de conocer a su autora por vía telefónica y hoy quiero aprovechar esta oportunidad para darle las gracias por todo lo que este libro me ha colaborado y lo que se que le colaborara a muchos de ustedes si lo leen con detenimiento.

Ahora sin más preámbulos comenzare a exponerles a ustedes algunos párrafos de este libro que les ayudara a ser unas personas mas equilibradas.

La mente es parte de nuestro cuerpo ella dirige desde un movimiento hasta un pensamiento, ella nos da energía por la cual nosotros podemos tener movimientos y pensamientos.

Cuando conoces tus derechos naturales por nacer

Sabes que eras merecedor de:

1. La abundancia
2. La riqueza
3. El éxito
4. La sabiduría

Sabes que tienes el poder, la fuerza y la energía necesaria para vivir toda tu vida con paz y tranquilidad.

Yo quiero añadir que estos derechos no son solos dirigidos a la parte física (como estadía materialista en este planeta) sino que si lo analizamos son también dirigidos a la parte "espiritual" a quienes en realidad somos.

Si creemos en Dios nuestro creador buscaremos el tener abundancia de su palabra esto nos servirá para darnos fortaleza y a su vez tener un mejor desempeño de nuestras vidas evitando los vicios, etc.

Una de nuestras mayores riquezas es la fe, pues ella es el motor que nos impulsa a luchar por lo que queremos, y por quienes queremos, y por lo que creemos.

El éxito no significa solamente el dinero, ni la casa que tenemos, ext., somos exitosos cuando logramos hacer aquello que nos gusta y nos hace sentir bien, cuando somos capaces de ayudar a otro ser humano, a un animalito etc. sin esperar nada a cambio, con un corazón limpio y desinteresado y cuando nos aceptamos tal y como somos.

La sabiduría, somos sabio cuando pedimos a Dios que nos de claridad, paciencia, constancia y luz para vislumbrar las distintas situaciones que nos pasan a través de la vida, cuando aprendemos a ser pacientes y constantes sin importar las veces que podamos caernos, cuando nos levantamos y seguimos adelante, cuando no dejamos que nuestra alma se llene de odios ó rencores y dejamos que sea Dios quien tome las rienda de nuestras vidas, pues aceptamos con esto que somos humanos y por ende pecadores, (imperfectos a la hora de tomar decisiones) y es por ello que nos equivocamos hiriendo muchas veces a aquellos que mas nos quieren y a quienes queremos.

Cuando conoces tus derechos naturales y espirituales por nacer sabes sin duda alguna a que eres merecedor.

Para tu mente todo es real

Para tu mente todo es real sea cierto ó sea falso:

Todo lo que tu creas como verdadero será aceptado por tu mente consiente y grabado en tu subconsciente, de ahí la importancia que tiene que verifiques ciertos hechos y te asegures lo mas posible que lo que te están diciendo es realmente la verdad pues de no hacerlo estarás guardando una información heroína, que después tendrás que desechar y al hacerlo causara sentimiento de dolor, indignación, malestar etc.

La mente tiene tres funciones:
1. La consiente
2. La subconsciente
3. La inconsciente ó reactiva

La mente consiente funciona a través de tus cincos sentidos, recibes una información que es analizada por ti, tomas una decisión determinas si es ó no es de acuerdo tus creencias, según tus puntos de vista, tus criterios y pensamientos todo esto ocurre en fracciones de tiempo, la concluyes, la grabas cuando esta información esta concluida produce unas emociones aquí cuando es pasada al subconsciente, este la graba en tu archivo ó mente inconsciente reactiva.

La mente inconsciente reactiva es también la encargada de los instintos de supervivencias, ella es la que evita los riesgos, es la que te permite emitir los juicios, es además la encargada de producir los pensamientos, esta parte de la mente tiene acceso al almacén de la memoria (la mente subconsciente) la misma saca información para exteriorizarla en pensamiento, actitudes, y comportamientos, pero como la mente inconsciente ó reactiva es negativa por naturaleza lo que nos da es negativo. Es esta la función más complicada y menos reconocida de la mente por esa razón muchos ignoran ó desconocen de su existencia.

El hombre tiene la capacidad de registrar en su memoria toda la información con la que va a vivir toda su vida, la base de estos conceptos son grabados en la mente subconsciente, entre los tres y los doce años, quiere decir que lo adquirido después de esa edad se superpone a las bases establecidas.

Es aconsejable que los niños conozcan desde temprana edad el funcionamiento de la mente, de esa manera podrán crecer mentalmente sanos. Yo añadiría: "Mente sana en cuerpo sano".

Como sugerencia de mi parte siento que seria imprescindible que en todos los colegios se

dieran clases donde se les enseñara a los niños a ejercitar la menté desde muy pequeños con mensajes positivos para contrarrestar los mensajes negativos que pudieran recibir a través de personas que por ignorancia podrían causarles a largo plazo trastornos en el desenvolvimiento de sus vidas futuras, dañando así no solo a los chicos sino también a la familia en general y por ende a la comunidad en la que ellos vivan. La mente de un niño es como un papel, donde cada una de las personas que le rodean escribe una pagina y de esta manera sin que el lo sepa estará escribiendo conceptos que lo llevaran por distintos caminos a través de la vida, creando así su propia telenovela, solo que en esta no abra personajes invitados, ni inventados ya que todos serán reales y él tendrá que asumir el papel principal, es por ello que es indispensable que se prepare muy bien pues de lo contrario el final no será un final feliz y se convertirá en un adulto frustrado, lleno de miedos é inseguridades haciendo de él ó ella una persona auto derrotada y fracasado/da.

En mi tierra hay un refrán que dice: La mente mueve montañas. Es sabido por todos que para una persona vivir en un balance perfecto cada una de las partes de la rueda de la vida tiene que estar en equilibrio, me refiero:

1. Tus emociones
2. Trabajo
3. Las necesidades fisiológicas
4. Y a las necesidades espirituales

La mente inconsciente es temporal, debido a que la información que graba no es permanente, la única parte de nuestra mente que es permanente es la mente subconsciente ella es el archivo de la memoria, debido a esto es que a ella se le asigna todos los sistemas físicos, automáticos del cuerpo, entre los que se encuentran:

1. Sistema nervios
2. El corazón
3. La respiración
4. La digestión

Estos son solo algunos de ellos, por ello tenemos que tener un cuidado especial en cada cosa que nuestros hijos captan del exterior para ser grabados puesto que de una manera ú otra van a afectar el futuro de nuestros hijos, primeros como adolescentes y después como adultos.

Si estos niños tiene el síndrome del Autismo es aun mayor el interés que debemos de tener para que ellos graben lo que es correcto, cuando digo esto me refiero a experiencias positivas donde destaquemos sus posibilidades, de esta forma su autoestima se mantendrá lo mas alta posible.

Es importante que sepan que aunque son diferentes en ciertos aspectos siguen siendo seres humanos, con muchas posibilidades y que la vida es un reto donde no podemos darnos el lujo de desfallecer, además hay que enseñarles que todos tenemos defectos tanto físicos, como emocionales é incluso que muchas beses fallamos espiritualmente y no por eso podemos rendirnos.

El sistema nervioso:

Después de haber presentado a ustedes un pequeño estudio acerca del cerebro es imperativo que le dediquemos un espacio a nuestro sistema nervioso ya que "el cerebro y el sistema nervios forman una especie de cadena que se ramifica por todo nuestro cuerpo llevando a este todas las ordenes de lo que tiene que hacer en cuestiones de milésimas de segundos, no cabe duda que cuando Dios creo al ser humano hizo un trabajo impecable.

Para hacer esto he tomado como referencia un fabuloso libro escrito por varios doctores especializados en la materia los que admiro y respeto pues el libro es sin duda alguna una verdadera joya. Comencemos diciendo que nuestro sistema nervioso y endocrino modula las múltiples y complejas actividades funcionales del cuerpo.

El sistema nervioso es el coordinador rápido, mientras que el endocrino es mas lento en su accionar.

El sistema nervioso exhibe en esencia una simetría bilateral, sus características estructurales y vías que se localizan a un lado de la línea media se encuentran también en el otro lado. Se subdivide automáticamente en dos sistemas que son:

1.   El sistema nervioso central

2.   El sistema nervioso periférico

Funcionalmente se divide en:
1.   El sistema nervioso soto matico
2.   El sistema nervioso autónomo (viseras)

El sistema nervioso central comprende:
1.   El encéfalo
2.   La medula espinal

El sistema nervioso periférico comprende de:
1.   Nervios ó pares craneales (estos están compuestos por nervios que emergen del tallo cerebral)
2.   Medula espinal (llamados nervios espinales)

En el segundo capitulo de este libro seguiremos nuestro viaje a través del cuerpo humano en este capitulo los doctores hablan acerca de las neuronas y las células asociadas, comenzaremos con estos datos:

La neurona es la unidad básica del sistema nervioso, cada neurona esta en contacto sinóptico a través de sus procesos con otras neuronas de tal manera que cada una de ellas es un segmento de la rede la cual el sistema nervioso esta compuesto.

La neurona esta capacitada para:

1. Conducir regiamente la excitación resultantes a otras porciones de células
2. Influencia las otras neuronas, células musculares y células glandulares

Las neuronas están tan especializadas que son incapaces de reproducirse y pierden su viabilidad si se ben privadas de oxigeno por pocos minutos.

Pasando ahora al capitulo #6 de este interesante libro, éste capitulo trata acerca del desarrollo y crecimiento del sistema nervioso comienza de la siguiente manera:

Los individuos son tan viejos como sus neuronas, en el sentido de que estas se terminan de generar en la vida posnatal temprana y no son remplazados por nuevas durante su existencia.

Los sistemas cardiovasculares y nerviosos son los primeros sistemas orgánicos que funcionan durante la vida embrionaria.

En el ser humano el corazón empieza a latir al final de la tercera semana después de la fecundación, antes de que el corazón lata el sistema nervioso comienza a definirse y a cambiar de formas crecimiento ocurre después de que el corazón comienza a pulsar, y la sangre comienza a circular con lentitud para llevar oxígenos y nutrientes esenciales al sistema nervioso en desarrollo.

Es durante el segundo mes cuando se aplican estímulos al labio superior del embrión hay un reflejo de retiramiento de la cabeza. La mamá puede sentir que su producto vive desde la duodécima del periodo prenatal.

Es a partir de unas pocas células primordiales las cuales se hallan presentes varias semanas después de la fecundación que el sistema nervioso sufre un asombroso cambio obtiene así su compleja organización. Según un cálculo reciente para generar un trillón de neuronas del encéfalo maduro se necesita una producción promedio de dos millones y medios de neuronas por minutos durante todo el periodo de vida prenatal:

La diferenciación y el crecimiento continúan tras el crecimiento en especial durante los primeros tres años hasta que se obtiene la complejidad de todo el sistema nervioso.

El libro mas adelante continua con lo siguiente:

Los intrincados circuitos neuronales y su organización sinápticas se conciben como productos de los dos siguientes hechos:

1.   Programas genéticos intracelulares

2.   Diversidad   de   características (extracelulares, exigentica medio ambientales)

Después de leer estos párrafos especialmente los que encierro entre comillas mi conclusión es la siguiente.

1.   El Autismo podría ser causado por el mal funcionamiento del sistema nervioso que causa que el mensaje no llegue al cerebro para que este a su vez de la orden de la ejecución.

2.   El Autismo podría también ser causado por que las neuronas cerebrales no están completadas en su totalidad ocasionando que el área que regula estas funciones en nuestro cuerpo no funcione ya sea total ó parcialmente dando paso al autismo en sus diferentes grados. Recordemos que la totalidad de las neuronas cerebrales no están en su totalidad hasta la edad de los tres años y es precisamente aquí cuando se diagnostica el Autismo.

3.   El Autismo podría ser causado debido a que la cadena que tiene que existir entre el sistema nervioso y el cerebro no este completa y debido a ello los mensajes no tengan acceso al cerebro.

Debemos de recordar que las personas que padecen de este síndrome no tienen el mismo nivel y por ende la situación y el tratamiento debe de ser individual adaptado a las necesidades de cada uno.

Lo siguiente seria:

1.   Hacer las investigaciones persistente al caso

2.   Crear un medicamento que estimule al cuerpo a producir las neuronas que están en deficiencia.

Lo que he traído a ustedes es un pequeño granito de arena que abre nuevas puertas a este misterio que hoy golpea a la humanidad, la guerra es larga por ello no podemos descansar, no hay peor batalla que aquella que no se da.

Los ritmos de nuestro cuerpo:

Comienzo hoy día 6 del mes de Marzo del año 1997, para la temática que aquí voy a presentarle estoy utilizando fragmentos que considero muy importantes del libro titulado: "Los ritmos de nuestro cuerpo" este libro fue escrito por dos escritores y periodistas muy reconocidos, yo quiero agradecerles a ambos por la magnifica información que tiene en sus paginas, puesto que esta información me va a permitir seguir armando este rompecabezas que es sin duda alguna el síndrome del Autismo.

Este libro fue editado por Ediciones Martínez. S A y escrito por: Susan Perry y Jim Dawson.

Comencemos en la pagina 20 con el tema: "La naturaleza de los ritmos"

Los ritmos del cuerpo están estrechamente conectados con los ciclos del mundo que nos rodean especialmente con la salida y la puesta del sol de hechos muchos cron biológicos creen que nuestros ritmos internos evolucionaban originalmente en respuestas al ciclo de la luz y de la oscuridad.

Contar con estos ritmos permitía a nuestros primeros antepasados anticipar los cambios en el mundo físico a su alrededor y con ello proteger y preservar las especies.

El punto mas alto de nuestro sentido al atardecer es aseguraba que nuestros ancestros estuvieran mas alerta a los depredadores durante las peligrosas horas del crepúsculo.

En los primeros tiempos probablemente los ritmos del hombre se ponían en movimiento con el sol. Pero gradualmente a través de la evolución los ritmos fueron introduciéndose profundamente en nuestros cuerpos y si bien nunca han perdido el contacto con los ciclos solares pueden hacer ahora su camino independientemente de la influencia del sol.

Después de un experimento científico echo por el Frances Jean Jaceques en el 1729 llego a la conclusión que los ritmos de los seres vivientes tanto plantas como animales se heredan, formando parte de nuestro cuadro genético. Este trabajo fue ignorado durante dos siglos.

Estar fuera de ritmo es muy desagradable y es también poco saludable numerosos estudios realizados con moscas y humanos han mostrado que los seres vivos crecen mas rápidos, se reproducen mas rápidos y simplemente están mas sanos cuando estos ritmos están en armonía con el medio ambiente, las personas que trabajan cruzando los turnos ó cruzan frecuentemente los horarios padecen de numerosos problemas físicos por ejemplos: Nauseas, diarreas, dolores de cabeza, ojos irritados, calambres en las piernas, irregularidades en la menstruación, y problemas crónicos de sueños, así mismo tienen mas problemas conyugales y emocionales que la mayoría de las gentes.

Mantener un horario irregular puede incluso acortar la vida. Bien, tomando en cuenta todo lo que hasta ahora hemos visto y aprendido a través de este libro no nos queda duda de que nuestro cuerpo trabaja mediante ritmos que son sincronizados y que pueden ser internos ó externos. De aquí la importancia de sincronizar los ritmos del cuerpo humano con las actividades que realizamos, pues de esta manera tendríamos mayor aprovechamiento en todo lo que hiciéramos.

En este caso especifico donde lo que ocupa nuestro interés principal son las personas con el síndrome de Autismo seria grandioso poder situar las clases especiales a las que asisten y las terapias en sintonías con los ritmos del cuerpo, esto daría como resultado un mejor desarrollo en el aprendizaje; A mayor aprendizaje, mayor asimilación y mayor desarrollo.

Ritmo diario y la eterna juventud:

Se sabe más acerca de los ritmos diarios ó circadianos que sobre los demás porque son más fáciles de detestar y medir.

El ritmo circadiano:

El ciclo mas importante es dormirse y despertarse, pero además existen otros ciclos como la temperatura, la presión sanguínea, la secreción de hormonas, la división de hormonas, y más.

De hecho se cree que las funciones del cuerpo están gobernadas por algún tipo de ciclo diario.

Ritmos estacionales y locura invernal:

El calcio influye enormemente en el sistema nervioso, es necesario para la transmisión de los mensajes a través del cuerpo. Quiero que hagamos un paréntesis aquí, en este punto; Recordemos que dijimos en paginas anteriores que el Autismo podría ser producido por la falta de ciertos químicos en la sangre que irriga el cerebro, pues bien este podría ser uno de ellos, según lo que acabamos de estudiar el calcio es necesario para la transmisión de los mensajes al sistema nervioso, recordemos que dijimos que si esta comunicación entre sistema nervioso y cerebro es interrumpida el ciclo se rompe y esto causaría que esta parte del cerebro no hiciera su trabajo causando todos estos trastornos que darían lugar sin duda alguna al Síndrome del Autismo. Voy a pedirles que no pasemos esta nueva posibilidad que se nos pone como en bandeja de plata.

Ahora continuemos VOY A ENFATIZAR;

1.   Las neuronas cerebrales no están completamente formadas cuando la persona nace, su formación total no es hasta los 3 años de edad.

2.   Son las neuronas las encargadas de la comunicación entre el cerebro y el sistema nervios.

3.   Sabemos que es precisamente en este periodo cuando aparecen los síntomas del Autismo

4.   Existe la posibilidad fehaciente que la falta de calcio ó el exceso de este ya sea solo ó acompañado con otro elemento produzca un desbalance que altere la formación de las hormonas y con ello las conexiones que son necesarias entre el cerebro y el sistema nervioso haciendo que esta se rompa ó tal vez se debilite dando paso finalmente a lo que hoy en día todos conocemos como el síndrome del Autismo, dependiendo de que tan grande es la interrupción así es el grado de Autismo que sufren las personas, de ahí que cada caso es especifico y diferente y que no tengamos una cura ó tratamiento especifico que pueda ser dirigido a todos por igual.

Aquí tenemos una nueva puerta que se abre, para que indaguemos en ella, utilizando diferentes libros de diferentes autores todos muy reconocidos y muy profesionales y aunque ninguno de ellos esta dirigido directamente al síndrome en cuestión hemos podido aprender cosas importantes que si tienen mucho que ver con este síndrome, por ello leer no es solo ver lo que se dice, es analizar é interpretar lo que leemos para sacarle todo el provecho del que seamos capas.

Hablemos de al Luna y sus ciclos

La luna, esa que los poetas usamos tantas veces cuando hablamos del amor, la luna que desde nuestros ancestros se consideraba como algo místico y casi mágico, y que aun sigue siéndolo pues hay una parte de ella que vive en la oscuridad y a la que no hemos tenido acceso, la luna que enamorada del mar navega entre los árboles de todos los bosques de nuestro planeta y nos sonríe picarona desde las alturas, la pelota que flota y que cada ves la vemos mas pequeña pues con los años se ha ido alejando lentamente de nosotros, me imagino como seria miles de años atrás poder ver una luna llena, siento que el espectáculo seria maravilloso.

Se han hecho investigaciones que han estudiado el efecto de la luna en nuestro entorno, hasta el momento no han desembozado en nada concluyente, mas yo quiero hacer otro paréntesis aquí: Recordemos que las personas con el síndrome de Autismo duermen muy pocas horas y para ellos con estas pocas horas es suficiente de ahí que los doctores recomienden a las personas que están responsables de sus cuidados que duerman cuando ellos lo hacen, solo que no siempre se puede y la labor sobre todo cuando están pequeños llega a ser tan intensa que llega hasta la fatiga por ello se necesita la cooperación de mas de un miembro de la familia, lamentablemente esto no ocurre en la mayoría de los casos trayendo como consecuencias accidentes que pudieron ser evitados.

Mas sin embargo algunas de estas investigaciones muestran una gran incidencia entre las fases de la luna y la incidencia de:

1. Homicidios
2. Suicidios
3. Enfermedades mentales

¿Estará entre estas enfermedades el "Autismo"?, y si así fuese, ¿cual seria el método para enfrentarlo? No se a ustedes pero a mi me parece una pregunta interesante y tal vez con mucho trasfondo.

Este es sin duda alguna otro punto a analizar:

1. Establecería un censo entre la población de autistas alrededor del mundo
2. Los dividiría por países en el que nacieron y fechas de nacimientos
3. Estudiaría todo lo concerniente a la posición de la luna y el efecto que causo en esos momentos en nuestro planeta, en cada país independientemente
4. Establecería una comparación entre los grupos por las diferentes edades, y lugar de nacimiento.

5.   Establecería una lista de todas las similitudes encontradas por grupo de edad, y nacionalidad.

Esto nos arrogaría datos que nos podrían confirmar con toda certeza cuanto hay de cierto en todo ese proceso y que sin duda alguna nos facilitarían un mejor entendimiento de esta situación, esto podría aplicarse además para otros tipos de enfermedades de la mente.

Es muy probable que esto nos contestara varias interrogantes que tenemos al respecto:

1.   ¿Afectan los cambios de la launa al feto cuando esta en su etapa temprana de formación?

2.   ¿Causa esto algún tipo de trastorno entre la neuronas y el sistema nervios cuando se esta formando siendo la causa de que ambos no se puedan comunicar entre si?

3.   ¿Cuales de todos nuestros países han sido los mas afectados y porque?

Seguimos adelante tocando puntos fascinante de nuestra amiga la luna y como nos relacionamos con ella, no podemos olvidar que en este magnifico universos todos estamos interrelacionados unos con otros de la misma manera que todo nuestro cuerpo tanto físico como emocional y espiritual lo esta entre si, y lo esta con nuestro creador.

Hablaremos ahora de los ciclos de la fuerza de gravedad y la luna:

Esta fuerza es muy intensa no solo es la causante de que las mareas de los océanos, sino que también es la causa de que la corteza terrestre aumente y disminuya hasta mas de 40cm.

Nuestros ritmos mensuales están más sincronizados con la atracción de la luna y en menor medida con los cambios mensuales, con la luz lunar.

El mas claro de estos ciclos mensuales es el de la mujer, el promedio del ciclo menstrual es de 29.5 días la duración exacta del ciclo de la luna. A causa de los cambios biológicos que forman parte del ciclo reproductivo las mujeres experimentan así mismo cambios como las oscilaciones de humor y deseo sexual hasta cambios en la susceptibilidad a la enfermedad.

La importancia de dormir:

El capitulo tres de este libro fue dedicado por sus autores a la importancia de dormir, en vista de que los niños y personas con Autismo duermen muy pocas horas, siendo además en la mayoría de los casos hiperactivos he decidido traer a colisión este tema que esta expuesto tan brillantemente por sus autores y que considero que es de vital importancia para el tema que nos ocupa. Sabían ustedes que cada uno de nosotros tiene un ritmo interno para dormir y despertar, que este ritmo nos juste ó no es quien dicta cuanto necesitamos dormir cada noche. Al parecer es un ritmo con el que hemos nacido y que esta interconectado con otros cronómetros internos y que para bien ó para mal desgraciadamente es un ritmo que no podemos cambiar.

Así pues cuando necesita usted dormir, en primer lugar olvide los libros que citan la necesidad de dormir ocho horas cada noche.

La cantidad de sueño es variable para cada individuo, pero como promedio un recién nacido duerme alrededor de 17 a 18 horas diarias; Un niño de 4 años de 10 a 12 horas, a medida que vamos creciendo nuestras horas de sueños van disminuyendo así vemos que en la edad en la que ya somos jóvenes adultos vamos a dormir un promedio de 7 a 8 horas diarias. Durante las siguientes décadas nuestras horas de sueños siguen disminuyendo pero de forma gradual hasta llegar a 6 horas y media cada noche en nuestra etapa avanzada.

Pero en la realidad son simples promedios, cada uno de nosotros tiene una exigencia precisa de sueño que esta genéticamente determinada. La mayoría de nosotros no podríamos estar dormidos indefinidamente, nuestros cuerpos nos obligan a dormir, aunque solo fuesen en breves micro sueños de algunos segundos. La falta prolongada del sueño afecta a cada uno en forma diferente. La gente de edad avanzada, los alcohólicos, personas de baja tensión nerviosa ó que no están en buena forma física tienden a Reaccionar más severamente a la falta de sueño.

Ritmos nocturnos

Cada noche al dormirse usted emprende un viaje similar al de un ascensor, arriba y abajo a través de las cuatro estaciones del sueño. Una carrera completa dura generalmente entre 60 á 90 minutos y se repite de cuatro a cinco veces cada noche. Este no es de los ritmos ultrájanos el mas evidentes.

Face1: Sueño ligero 5 al 10% de la duración del sueño total. Aquí los músculos se relajan seguidos de una sensación de ir a la deriva y flotar. Las ondas cerebrales disminuyen su velocidad a un promedio que va de entre 13 á 35 pulsaciones por segundos, conocidas cómos ondas beta, y a entre 8 á 13 pulsaciones conocidas como ondas alfa.

Esto trae como consecuencia varios cambios en el organismo:

1.   El pulso aminora su ritmo hasta descender a 10 pulsaciones por minuto

2.   El nivel de calcio y azúcar en la sangre aumenta

3.   La sangre inicia un proceso de desintoxicación expulsando la toxina de las células. Este proceso tiene su punto más alto para las personas que duermen de noche alrededor de las 4 de la mañana, es este además el momento en que la temperatura corporal alcanza su punto mas bajo.

Fase 2: (Sueño ligero) 50% de la duración total del sueño.

1.   Las ondas cerebrales sigan bajando entre 4 y 8 pulsaciones por segundos, durante este proceso hay rápidas y periódicos estallidos de actividad conocidos como husos.

2.   El metabolismo corporal, presión de la sangre, temperatura, pulso sanguíneo bajando.

3.   Los ojos ruedan lentamente de lado a lado, si nos levantaran los parpados no podríamos ver.

Durante esta fase del sueño podríamos ser despertados fácilmente, una vez despiertos podríamos negar que hubiéramos estado durmiendo.

Fase 3 y 4 (Sueño profundo):

1.   El 25% de la duración total del sueño en jóvenes adultos (mas en los niños menos en los adultos)

2.   Largas ondas cerebrales de menos de cuatro pulsaciones por segundos {ondas delta}

3.   La respiración de vuelve pesada y los músculos se relajan.

Cuando estamos en este estado no podemos ser despertados fácilmente, solamente un ruido muy fuerte ó la repetición de nuestro nombre pueden sacarnos del sueño. Si nos despiertan podemos sentirnos confuso y atontados. Particularmente los niños. Esta es la fase en la cual es más fácil mojar la cama, andar y hablar dormido

El metabolismo del cuerpo alcanza su punto mas bajo, no obstante se liberan algunas hormonas durante esta fase del sueño que ayudan al cuerpo a crecer y sanar.

Fase 5 REM:
1.   Rápidos movimientos oculares ó sueños de los sueños, su duración es del 20 al 25% de la duración total del sueño.
2.   Se caracteriza por rápidos movimientos oculares.

Manifestación de sueño

Las ondas cerebrales aceleran la velocidad de 13 a 35 pulsaciones por 5 segundos. Los latidos del corazón y la presión sanguíneos se vuelven irregulares fluctuando a veces salvajemente.

1.   Aumenta la necesidad de oxigeno, con la cual la reparación se vuelve mas rápida.

2.   Las glándulas suprarrenales empiezan segregar gran cantidad de hormonas en el

3.   cuerpo.

4.   Los esteroides alcanzan su punto más alto del día.

5.   El cuerpo sufre una paralices durmiente, si nos despiertan podríamos no ser capases de movernos durante algunos segundos.

6.   El incremento de flujo sanguíneo en los genitales provoca una erección en los hombres de todas las edades.

7.   Nuestro primer encuentro encentro con la fase REM normalmente dura de 5 a 15 minutos.

8.   Caemos seguidamente en la fase 3 y 4 del sueño, a pesar de que esta vez nuestro sueño profundo no dura tanto como el anterior.

9.   A continuación pasamos a otro periodo de REM donde pasamos soñando un rato más largo que la primera vez.

Y es así como pasa en la noche de 4 á 5 ciclos completos cada uno con una duración aproximada de 60 á 90 minutos cada vez el sueño profundo ó fase 3 y 4 se vuelve mas corto hasta que al final de la noche incluso podemos saltarlo completamente.

La fase REM es cada ve mas larga, hasta que al final del ciclo podemos pasar 50 minutos ó mas soñando. Esto explica porque podemos recordar mejor los sueños habidos justos antes de despertarnos por las mañanas. De todas las fases del sueño, el dormir profundamente (fase 3 y 4) y dormir soñando ó (REM) son las mas importantes.

Lo que hace por usted el sueño profundo:
1.   Regenera el cuerpo y el cerebro
2.   Estimula el crecimiento
3.   Preserva la salud mental

Lo que hace por usted el dormir soñando:
1.   Consolida y ordena la memoria
2.   Estimula el aprendizaje
3.   Refuerza nuestra seguridad física

Si logramos que nuestros seres queridos que tienen el padecimiento de este síndrome duerman mas cantidad de las horas que regularmente hacen esto traería como consecuencia que su cerebro se regeneraría, su salud mental se preservaría (no empeoraría) y su aprendizaje que le fuese impartido con las terapias y las clases especiales tendría un mejor aprovechamiento, dándoles mas oportunidad de mejorar su condición.

Esto es otra puerta que acabamos de abrir.

Diferentes tipos de terapias

En estos momentos se están realizando a través de los distintos países é instituciones a las que lamentablemente la mayoría de estas personas no tienen acceso por falta de recursos económicos diferentes tipos de terapias, entre las cuales tenemos:

1.   Terapias con animales (perros, repines, caballos)
2.   Terapia de juegos
3.   Terapia de habla (info charla)
4.   Terapia ocupacional
5.   Terapia con la música

Mas a parte de estas veremos otras terapias y cosas que podemos hacer para ayudarles.

Dolphin Human Terapia

Comenzamos en esta aventura, el turno para comenzar con la terapia era a las 9am. Por lo que había que salir temprano debido a esto y a toda la excitación apenas pudimos dormir esa noche, a la mañana siguiente nos levantamos a las 5am de la mañana. Comenzamos a levantarnos y uno a uno nos fuimos preparando finalmente salimos hacia los callos de la florida, nosotros vivíamos en ese entonces en la ciudad de Hialeah Florida, a un par de horas de donde se impartían las terapias.

Universo Marino

El mar indomable y rugiente como todas las fieras dormidas ocupa el 70% de la formación de nuestro planeta es un poco nuestro padre, un poco nuestro amigota que curiosamente nuestro cuerpo esta también formado por el 70% de agua.

El mar un mundo dentro de nuestro mundo pequeño donde la evolución no se detiene donde la vida y la muerte se enfrentan a cada instante dándose la mano para mantener la balanza de la ecología en equilibrio, donde el más fuerte y astuto es quien gana.

El mar, el niño dormido que acaricia las costas de todos los continentes, islas, archipiélagos, etc. Misterios, aventuras y horror de muchos que se han vistos atrapados en sus fauces, esperanzas de algunos y sustento de todos, el mar soñador y poeta en quien duerme en las noches todas las estrellas, y acuna a la luna su eterna enamorada en sus aguas quieta, que como gran espejo le da la bienvenida al sol desafiante, el mar impetuoso, indomable. Aquí en este maravilloso mar lleno de plantas y de corales de hermosos arrecifes, aquí entre otros animales tienen su casa las ballenas y los Dolphin, animales mamíferos como usted y como yo se adaptaron a la vida en el mar pero que respiran tomando el oxigeno del aire, por lo cual salen cada cierto tiempo a la superficie de las aguas.

Ballenas que cantan dándole a las noches marinas el misterio mágico del enamorado caminante a quien nunca le detiene el embrujo de todos los triángulos que en el habitan.

Entrevista con el doctor: David Nathason

Fragmentos de la entrevista que le hice al doctor David Nathason:

¿Qué te motivo a comenzar a dar terapia con los Dolphin?

Su historia comienza así; Cuando era muy joven hiendo por la vía rápida había un letrero que solicitaban empleados entonces mire al periódico, estábamos en verano y esto era en la ciudad de New York, pero no decía que era para niños con impedimentos físicos. Me justo tanto que cuando termine la escuela decidí comenzar a trabajar con niños deshabilitados. Yo tengo mucha satisfacción emocional, me justa mucho trabajar con ellos pues son muy honestos, en otras palabras ellos no esconden nada debajo de la mesa. Yo trabajo con niños/as deshabilitados por 30 años, yo note que hay tres cosas que llaman poderosamente su atención:

1.   El agua
2.   La música
3.   Los animales

El me comenta; Yo logre reunir dos de ellas.

Quiero reiterar las gracias a todo el equipo de trabajo que tanto empeño pone en lo que hacen, además de poner su corazón tratando de dar siempre el máximo para lograr los mejores resultados en cada uno de los casos que atienden, pero quiero también agradecer a Dios por estos animalitos tan fantásticos, y que tanto bien están haciendo a la humanidad.

La terapia con ellos fue todo un éxito pues Ernest cambio su conducta en muchos aspectos, en cuanto a Mary a pesar de que ella solo se metió al agua con ellos una sola vez tengo que decirles que también se obtuvieron algunos cambios positivos. Yo recomiendo esta terapia, nuestra experiencia fue en todos los aspectos positiva. Terapias que curan el alma: Un paseo por los mares de la florida Estábamos en la primavera a pocos días de dar comienzo oficialmente al verano del 1998 por razones que no vienen al caso explicar teníamos que mudarnos de la casa en la que hasta ese entonces habíamos vivido, poco tiempo antes de que esto ocurriera habíamos comprado un motor home y la manteníamos dentro de la nave que alquilábamos donde a su vez teníamos un pequeño negocio donde trabajábamos ambos, el día anterior habíamos comenzado a llevar cajas de la mudada para el taller y como era tarde y estábamos cansados decidimos quedarnos a dormir en él, pues tiene varias camas, luz eléctrica y aire acondicionado, el vehículo como tal no era de los mas nuevos pero nos daba la talla para lo que nosotros lo usábamos.

Ese día un amigo nuestro y su familia planeaban un viaje a los callos de la florida a estas alturas nosotros aun no estábamos enterado del asunto (esa noche dormimos allí esto esta en el sur de la Florida en el condado de Miami Dade.

Al llegar la mañana siguiente cuando ya estábamos a punto de salir para Miramar (lugar donde vivíamos en el condado Broward) el amigo de mi esposo le hace el comentario, en fin nos pusimos de acuerdo y salimos todos para los callos de la florida en nuestro motor home por primera vez, lanzándonos a la aventura toda la familia.

Ernest estaba feliz recuerdo que le brillaban los ojos, Mary se fue a la parte trasera donde están las camas del cuarto, abrió las ventanas para que el aire le diera en su carita (esto es algo que le justa hacer a los que tienen autismo, de ahí que cuando son niños les justa correr por la sensación que les produce el aire en su cara,) mientras contemplaba el paisaje con una gigantesca sonrisa en su pequeña y hermosa carita, Estrella se sentó de copiloto en el asiento delantero con su papá pues siendo tan dispuesta no se podía esperar menos de ella, luego de un tiempo de travesía llegamos finalmente a los callos. Al llegar allí nos dirigimos todos a casa de un amigo en común fue entonces cuando comenzamos la segunda parte de esto que era sobre todo para ellos una inquietante aventura, comenzamos por el tradicional asado al pincho y terminar con un refrescante paseo en bote por la costa entre los manglares, y bajo un hermosísimo cielo azul celeste y unas aguas cristalinas y mansas que nos daban a todos una paz espiritual muy reconfortante, una armonía maravillosa que solo Dios puede crear y regalarnos.

Para nuestros niños fue además su primer paseo en bote a Mary no le justo mucho sobretodo al principio pues estaba fuera de su medio ambiente y su rutina se había echo pedacitos, en cambio Estrella lo disfruto a plenitud, pero sin duda alguna quien mas disfruto del paseo fue Ernest.

Cuando veníamos de regreso del paseo decidieron entre todos los adultos atracar el bote en la playa por un rato para bañarnos y comer algo sencillo, fue entonces que mi marido y un amigo nuestro se tiraron al agua para amarra el bote y viendo que se demoraron unos minutos Ernest se impaciento al ver que su papá no salía del agua le grito en Eng; que saliera del agua y como él no salió inmediatamente, Ernest que aun no sabia nadar nos sorprendió a todos pues se tiro al agua diciendo que iba a salvar a su papá (Yo te salvo papi) al escucharlo me volteo y veo a mi hija mayor que aun era pequeña aguantándolo por una de las manos , rápidamente me les fui encima y logramos subirlo de nuevo al bote cuando esto ocurrió en cuestiones de segundo el agua ya le daba por la mitad de su pecho, unos segundos después mi esposo salió del agua y Ernest recobro la calma y la sonrisa pues su querido papi ya estaba a salvo.

Luego de estas aventuras llego el momento de regresarnos, a decir verdad ninguno de los que fuimos al paseo teníamos ganas de regresar pero nuestras pequeñas facciones habían terminado dejándonos un hermoso recuerdo a todos en la familia, algo que siempre nos uniría un poquito mas para cuando tuviéramos que enfrentar los problemas que de seguro nos traería el síndrome del Autismo que cambia la vida de todos, de quienes lo tienen y de quienes los rodean (en esta época ya ellos habían sido diagnosticados con el síndrome)

Walt Disney una terapia de ensueño

Aunque esto no es una terapia propiamente dicha, se convirtió en una terapia debido a los resultados que obtuvimos después de estas pequeñas mini vacaciones, es por ello que recomiendo que siempre que puedan se tomen un tiempo para compartir con toda la familia y además que hagan un tiempo para compartir como pareja, esto es muy importante yo llamo a esto cargar baterías y desintoxicarse, así reforzaran la relación, y tendrán nuevos bríos para seguir adelante en esta lucha que no es nada fácil.

Comenzamos: Mis hijos como la gran mayoría de los niños incluyendo a muchos adultos entre los que me encuentro yo adoramos los juguetes y películas etc. De Disney, Estrella desde muy pequeña había acariciado la idea de poder ir a visitar los parques, el personaje preferido de ella siempre fue La sirenita, mas el de Mary al principio era el pato Donald, esto ha ido cambiando paulatinamente según ella ha ido creciendo y Disney ha sacado nuevas películas y nuevos personajes aunque se mantienen en su lista de preferidos, Miki y Mine. Mi hermana le había prometido a Estrella que si ella traía buenas calificaciones ella la llevaría, Estrella que siempre ha sido una niña muy inteligente y aplicada cumplió y entonces decidimos ir con Mary dejando a Ernest que aun estaba muy pequeño al cuidado de mis padre y su papá que en esta ocasión por problemas de trabajo no nos acompañaba, después de los preparativos del viaje, las expectativas y todo lo que esto implica el final lastimosamente no fue un final feliz, aunque tampoco fue desastroso, pero por razones que tomarían mucho tiempo de explicarles nos tuvimos que regresar sin haber podido ir a los parques. **No nos regresamos directamente a la ciudad de** Hialeah sino que fuimos a West Palm Beach, pasamos unos días en la casa de mi hermana llevamos entonces a las chicas al León Country Safari, aquí se pasea en el carro entre todas clases de animales salvajes que están sueltos, había que ver las caritas de ellas cuando alguno de estos animales se acercaban a la ventanilla del carro, casi se podían tocar, en una de las vueltas dentro del parque un rinoceronte se atravesó en al camino, les confieso que a mi me dio un poco de miedo pues el carro en el que nosotras íbamos hubiera sido un trozo de papel para aquel enorme animal.

En fin se quedo en el aire que regresaríamos en otra ocasión mejor preparados pare hacer el paseo por los parques.

La vida volvió a tomar su curso y el tiempo fue pasando, los años y la vida nos fueron trazando nuevos caminos, entonces un día decidimos hacer un paréntesis y por segunda vez comenzamos a preparar el viaje pero esta vez con la experiencia de lo que habíamos vivido anteriormente, así que ahora no podíamos fallar.

En ese momento mi hermana tomo las vacaciones en su trabajo tres semanas ese era al momento para el intento del regreso, pues era necesario tener varias personas mayores en el grupo que iríamos para poder tener un mejor control sobre ellos, además mi hermana había sido la promotora del primer intento así es que no se nos podía quedar fuera de esto.

Después de mucho hablar mi esposo decidió tomar una tarjeta de crédito y lanzarnos todos a la aventura, para ese entonces Estrella tenia 16 años, Mary tiene 13 y Ernest 9, de esta forma salimos todos juntos para ese mundo maravilloso de fantasías, que se Encuentra situado en el estado de la florida en la ciudad de Orlando.

Rentamos un motor home y lo equipamos con todo lo que pensamos nos podría hacer falta incluyendo ciertos tipos de medicamentos, ropas, cepillos de dientes, celulares etc.

El viaje nos pareció un siglo, aunque gracias a Dios solo tuvimos un pequeño incidente sin mayores consecuencias, finalmente arribamos al resorte y dejamos el vehículo parqueado, tomamos las guaguas y posteriormente las lanchas que nos llevarían al mundo mágico de las fantasías, (para mis hijos y mi esposo esta era su primera vez) no así para mi hermana y para mi, aquí todos los sueños se hacen realidad, los de chicos y grandes. Esta aventura la realizamos en el mes de junio el día 23 del año 1998 durante el camino Mary se mostraba muy ansiosa, sonriente quería devorarse la carretera, ella como buena niña Autista que disfruta de una memoria fotostáticas no había olvidado lo ocurrido la vez anterior y pienso que esto la preocupaba un poco y a la vez la atemorizaba. Por su parte Ernest se mostraba algo inquieto, pero menos ansioso que Mary, Estrella hubiese querido tener la barita mágica del hada madrina en la cenicienta para estar allí en cinco minutos y así todos llevábamos nuestras propias expectativas, para mi esposa para mi hermana y para mi era un reto.

Llevar dos niños autistas e hiperactivo era sin duda alguna un reto y más que ellos no tomaban ningún tipo de medicamento, esto significaba que en caso de una crisis seria una prueba de fuego, pero estábamos dispuestos a enfrentar el reto que nos aviamos impuesto. Walt D. seria sin lugar a duda la prueba de fuego.

Gracias a Dios el viaje se convirtió en una maravillosa terapia para toda la familia.

Magnetismo curativo

Ates de dar paso a este nuevo tópico para el cual he utilizado un libro muy interesante Escrito por el doctor Dr. Ovidio Rebaudi debo decir que mientras leía este libro.

Venían a mi mente recuerdos de mi infancia:

En todo pueblo pequeño hay personajes que se quedan clavados a la tierra y que sin ellos se lo imaginen pasan a la historia siendo parte notoria de la misma, y mi pueblo no era distintos a los demás, separado por una cordillera de lomas en uno de sus barrios mas apartados muy cerca del limite con el campo vivía un personaje a quien yo recuerdo con mucho cariño y mucha admiración, la señora Mónica así era como la llamábamos todos en el barrio, ella era la abuelita de algunos de mis amiguitas, y amigos es usual en estos pueblos llamarse a veces por sobrenombres así es que en realidad no se si ese era su verdadero nombre pero así la conocí por toda mi vida era una mujer bastante mayor que había participado en la guerra de independencia; Mónica era la curandera del barrio, yo recuerdo de niña ir a su casa para que me curara el empaño, me sacara el sol etc. y siempre sentí una gran admiración por aquella mujer que no se dejaba vencer sin importar los obstáculos y necesidades que la vida le pusiera por delante, además su vida era muchos libros abiertos llenos de un conocimiento que solo da la vida, cuando sacaba el sol curaba los fuertes dolores de cabeza, cuando curaba el empacho, curaba los problemas estomacales, y siempre recomendaba la medicina natural, si esa misma que últimamente se esta volviendo a poner de moda pues se han dado cuenta que es menos dañina pues no tiene químicos etc.

Así era ella un personaje que llego a ser parte de la historia y el folclor del pueblo, de esos que se quedan arraigado para siempre en sus calles, sus parques, y sus cuentos callejeros generación tras generación.

Mi experiencia en particular con ella siempre que positiva y es ahora que estoy escribiendo este libro después de haber salido de mi país hace mas de 27 años, que pienso en la señora Mónica quien con tanta humildad utilizaba sus conocimientos de botánica unidas a sus creencias espirituales para ayudar en todo lo que podía a todos aquellos que tenían fe, ó que no tenían recursos económicos para visitar a un doctor tradicional. Ver a Mónica era como ver a un pedazo de la historia. Es por todo esto que hoy quiero dedicarle en esta página este pequeño homenaje a la señora Mónica.

Que Dios le bendiga, por su sencillez, su bondad, su valentía y su ejemplo, gracias por estar, gracias por escucharme, gracias por conocerle, por todo lo que aprendí de ti sin darme cuenta, gracias por ser mi amiga.

Para todos los que como ella están por tantos rincones de nuestro planeta en lujares tan intrincados dándole su servicio y su amor a todos aquellos que no pueden alcanzar los de un medico regular gracias por dar lo mejor de cada uno de ustedes, gracia por el amor y la piedad que le brindan a todos sus semejantes, gracias por cada pequeño milagro que hacen cuando usando el café hacen bajar la fiebre a una criatura y que sus padres puedan recobrar la calma, gracias cuando un cocimiento de tilo logran calmar los nervios de alguien que esta desesperado, gracias cuando con la manzanilla curan alguna dolencia de la piel , ó cuando la toman y tienen una buena digestión, gracias por hervir la flor del saúco con la leche y dársela a tomar a aquel que tiene gripe y ayudarle con su gripe, gracias por el remedio de miel de abejas que cura el dolor de garganta, no hay nada mas bueno que una cucharada de miel de abeja en ayunas por las mañanas, gracia por el agua con sal (gárgaras) para recuperar la voz cuando estas afónico, gracia por tomar agua de coco con una cucharadita de bicarbonato de sodio durante 40 días después de dejarle al sereno toda la noche y ver desaparecer las piedras del riñón que tenia uno de mis tíos y nunca mas volver a padecer de esta enfermedad, Gracia a todos, gracias a ti querida Mónica.

Comencemos con "El magnetismo curativo":

El magnetismo curativo, escritor de este libro el Dr. Ovidio Rabaude Nadie ignora que la electricidad ejerce gran acción sobre nuestro organismo, todos sentimos la influencia del estado atmosférico cargado de electricidad que precede a las grande tormentas , una descarga de corriente poderosa puede matar a cualquier ser humano ó animal si es electrocutado por ella, mas una corriente apropiada cura muchas dolencias, prueba de esto es la electro terapia.

Pero no es solo cierto que la electricidad ejerce sobre nuestro organismo una influencia, sino que nuestro organismo produce electricidad. La electricidad animal existe fuera de toda duda y bien lo prueban diversas clases de peses que existen entre ellos el torpedo, el tetrodo.

Todos los animales desarrollan electricidad el gato es el que tal vez tiene mayor grado de ella manifestándose.

Pero nada hay de extraño en esto si consideramos que ningún fenómeno químico se ejecuta sin la intervención de este agente y que el organismo es un verdadero laboratorio dirigido por una fuerza desconocida todavía por la raza se ejecutan mil combinaciones y descomposiciones.

Existe pues una descomposición animal la cual parece sino producirse por si sola por lo menos acompañar a los fenómenos vitales.

El Doctor Jussieu (que fue miembro de la sociedad de medicina de Paris) después de haber estudiado los fenómenos producidos por los magnetizadores supone que ellos son producidos por el fluido eléctrico animalizado.

La electricidad humana debido al proceso vital no seria más que una forma de modificación de la electricidad ya conocida de los físicos y que constituiría el magnetismo animal.

Las manos son el principal medio de que se valen los magnetizadores para dirigir y distribuir el fluido magnético en el organismo de sus enfermos.

Que misterios se encierran en el acto de la imposición de las manos, la imposición de

las manos constituye la base del magnetismo oculto de la antigüedad.

Los sacerdotes y los iniciados de los misterios producen por estas asombrosas curaciones. Jesús y sus apóstoles también curaban por la sola imposición de las manos. Algo oculto, algo misterioso se ha atribuido siempre al acto de la imposición de las manos.

Los sacerdotes de la India extienden sus manos al celebrar sus sacrificios.

En la Biblia también se tropiezan a cada paso con esto mismo; Isabel extiende sus manos para bendecir a Efraín, Araon extiende sus manos sobre la victima que ha de inmolar. No menospreciemos el don que esta en ti que te he dado con la imposición de las manos, dice San Pablo a Timoteo, el padre también coloca las manos sobre la cabeza del hijo para bendecirle.

Aquí en este capitulo el autor se refiere a la "Naturaleza del agente magnético" uno de sus párrafos dice lo siguiente: Lo que con mayor seguridad y sencillez nos demuestra la presencia del agente que nos ocupa es la fotografía. El sthenometro y el biometría pero aun no disponiendo en un momento dado de estos medios, no le falta al magneto logo como demostrar la realidad de dicho fluido ó como quiera llamarle basta con recurrir para el efecto al mejor de los reactivos el hombre mismo.

El agente magnético de cada persona se encuentra conformado a su propio modo de ser. De ello con seguridad ha de convencerse cualquiera que emprenda el ejercicio del magnetismo con un fin noble y elevado los cuales son el deseo de inquirir la verdad y hacer el bien mediante la magnetoterapia.

En cuanto a las sensaciones ellas son diferentes con cada magnetizador. Pasando ahora a la página 31 del libro encontramos lo siguiente:

La acción magnética se ejerce por tres medios diferentes es decir de la siguiente manera:

1. Magnetización directa, es la producida por el magnetizador

2. Magnetización indirecta es la que se produce por el intermedio de otra persona

3. Magnetización intermedia es la que tiene lujar valiéndose el magnetizador de una sustancia material que ha impregnado en sus fluidos.

En la página 44 el autor nos dice:

La magna terapia, ó magnetismo curativo se concreta al exclusivo empleo del agente magnético mediante las imposiciones, las aplicaciones y las fricciones magnéticas.

El reglamento de la magneto logia exige que el paciente al someterse a la magnetización debe siempre de estar acompañado por otra persona posiblemente de su familia.

Como idea religiosa el moderno espiritualismo se encierra en estas palabras:

1. Tened por templo el universo

2. Por altar vuestros corazones

3. Por imagen a Dios

4. Por sacerdote la conciencia

"Hilario G. de la Constancia

Ahora bien volviendo al tema que nos ocupa, ¿Como puede la terapia magnética ayudar a mejorar el síndrome del Autismo?

Por lo que aquí hemos visto el cuerpo humano es un generador de electricidad, al aplicar el magnetismo curativo estaríamos introduciendo al organismo del paciente una especie de electro shock de una manera natural esto podría ayudar a las neuronas a reaccionar haciendo su movimiento de traslación así pudieran quizás abarcar mayor espacio al recorre y de esta manera esto podría ayudar a restaurar la cadena que posiblemente se encuentra rota entre el cerebro y el sistema nervioso ayudando a muchos que tienen este mal.

Terapias que curan el alma

Voy a crear para ustedes como guía distintos tipos de terapias que se están utilizando hoy en día para las personas con el síndrome del autismo, lamentablemente muchas de ellas no están al alcance de la mayoría de nosotros pues cuestan un dinero que no tenemos y no son cubierta por ningún seguro medico, así es que ni los que tienen la bendición de tener algún tipo de seguro lo pueden hacer. Esto hace que muchos de los que pudieran llegar a superarlo al menos en la mayor parte y poder funcionar normalmente ó lo mas cerca de la normalidad no lo logren, esto es una situación muy lamentable, tanto en lo personal, en el orden familiar, como en el orden a nivel países ya incluso a nivel mundial, ya que lamentablemente estos casos siguen avanzando cada vez mas.

1. Terapia del habla ó lenguaje
2. Terapia de integración social
3. Terapia de integración auditiva
4. Terapia ocupacional
5. Terapia física
6. Terapia del floor-time
7. Terapias musicales
8. Terapia con agua (natación)
9. Terapias con animales (Dolphin, perros, caballos)
10. Terapia magnética

11.   Neuroterapia (esta basada en la actividad eléctrica del cerebro) Fundación humana, www.fundacionHumana.org

12.   Hiperbárica Oxygen Chambers

13.   Programa   Son-   Rise ORG.Neurologica.

Ahora voy a pedirles a todos aquellos que se están peleando y echando las culpas unos a otros, Señores nadie es culpable, estas cosas pasan somos seres humanos y estamos expuestos a todas estas situaciones y mucho mas; Este no es el momento de pelear, no es el momento de lamentaciones , no es el momento de reclamos ,este es el momento de tomar al torro por los cuernos, en otras palabras es el momento de ayudarnos entre todos, es el momento de luchar, es el momento de ser los mejores padres del mundo y darle a nuestros hijos todo lo que podamos para que ello sepan que tienen todo nuestro amor y nuestro apoyo, demuéstrese a usted mismo, a su hijo , y a Dios que tan grande puede ser su amor, infórmese, únase a su pareja y a su familia ahora mas que nunca busquen la fortaleza en Jesús y en cada uno de ustedes, si hacen esto el camino será mas fácil y menos doloroso, disfruten cada pequeño adelanto que ellos vayan teniendo, las batallas no se pierden ni se ganan si antes no somos capaces de darlas, que Dios los bendiga.

El autismo vivido por Donna Williams

Comienzo este tópico con una traducción de fragmentos de un libro al que yo considero más que especial pues esta escrito por una mujer que vivió en carne propia este síndrome y que pudo vencerlo.

En el conoceremos la odisea que pasan aquellos que viven esta condición, el titulo de uno de los libros donde ella narra parte de su historia es con el que voy a trabajar para todos ustedes se titula: Nobody Nowhere.

En esta autobiografía sin duda alguna aprenderemos de su mano como piensan, de un modo ú otro quienes tienen este síndrome. Esto nos dará la pauta para poder conocerlos mejor y de esta manera poder a ayudarles mas a mejorar su condición y tal vez logremos sacar a algunos de ellos de esta situación en la que los ha puesto la vida, un mundo enigmático al que poco pueden penetrar, "El síndrome del Autismo"

Agradezco a esta magnifica señora por exponer su caso ante todos nosotros abriendo así una nueva puerta con muchas nuevas opciones y posibilidades otro rayito de sol que podría sin duda alguna iluminar este camino que junto a todos los demás datos ya obtenidos y los que aun nos faltan nos darían la clave para poder vencer a este síndrome que nos ha robado a nuestros seres queridos con la osadía que lo caracteriza y ganarle de una vez y por toda la batalla.

Comenzara tomando fracciones de la introducción que esta escrita por el Doctor: Lawrence Bartak M A pH D. El Autismo es un raro pero tubuloso desorden, (en los años en que yo escribí este libro la cifra era de cuatro niños entre diez mil desarrollaban hoy en día lamentablemente como todos sabemos las cifras han aumentado y siguen aumentando lamentablemente).

La mayoría de ellos son niños, aproximadamente una niña de cada cinco niños presentara esta condición, esto significa estadísticamente hablando que 5,000.00 niñas y mujeres de todas las edades tendrán este síndrome.

De acuerdo a lo que dice el doctor casi asegura con razonable certeza que el autismo es producido por algún tipo de anormalidad durante el desarrollo del cerebro.

En mi modesta opinión estoy de acuerdo con el doctor en que sin duda alguna existe un problema con el cerebro, pero a su vez esto hace que el sistema nervioso no trabaje apropiadamente pues debemos de recordar que todo ello esta conectado como un engranaje, sin olvidar que también tenemos una conexión muy fuerte con la parte emocional y espiritual como individuos, acerca de este tópico ya he comentado algo en mis otros libros anteriores a este, por ello tenemos que agregar que el autismo mejora ó empeora de acuerdo al estado emocional en que habita y se desarrolla cada uno individualmente (lo que ara crecer ó decrecer la autoestima de cada uno). En lo que si estamos de acuerdo totalmente es en que el autismo no es para nada hereditario, además este síndrome no discrimina de razas, clases sociales, grado de inteligencias, nacionalidades etc. por lo tanto los padres no tiene porque sentir ó tener

ningún tipo de culpabilidad puesto que todo parece indicar que este síndrome es debido a una anormalidad que ocurre en el cerebro, antes ó durante los primeros años de la vida (época de la infancia).

Yo particularmente pienso y esto lo saben los que han leído mis libros anteriores a este que todo comienza desde el mismo momento en que comienza la formación del cerebro, aquí esta la clave para lo que yo llamo el Autismo Físico. Al final del libro sabrán porque esta denominación.

Las personas con autismo viven siguiendo una rutina, aprenden reglas para lidiar con diferentes situaciones que se les puedan presentar a través de la vida (son en reglas general cosas básicas y sencillas).

Para ellos es muy difícil procesar información de otras personas y relacionarse con ellas. El doctor habla de otras características que yo por tener dos hijos con el síndrome conozco y comparto 100%.

Ahora comenzare a traducir para ustedes algunos de los párrafos donde Donna habla por su experiencia vivida con este síndrome del que logro salir gracias a su yo interior, su valentía etc. pero sobre todo gracias a Dios que le dio la fortaleza necesaria para luchar en contra de el autismo.

Recuerdo que cuando Mary mi hija era pequeña le justaba corre y que el viento le diera en la cara esto le daba una especie de independencia y seguridad a la ves, mas de una vez se me escapo de la casa y corría por el bario solo que donde vivíamos teníamos policía de seguridad y todos la conocían y sabían de su problema así que no la dejaban salir del área, en una ocasión se quedo a casa de una niñita que esta va jugando y le llamo la atención la muñeca en fin todo esto nos llevo a tomar medidas extremas para protegerla y que no le fuese a pasar algo irremediable; Ella menciona como le justaba irse de su casa al parque porque sentía mucho miedo de todo lo que le rodeaba y no podía entender, otra de la forma de responderle a ese mundo era llorando, pataleando é incluso mordiéndose asimismo, con mi hijo Ernest estas etapas fueron menos fuertes el autismo de él es mas leve, y por ende estas etapas fueron menos fuertes, en cambio con Mary sucedió exactamente lo mismo, ella respondía con llanto, pataletas y mordiscos muchas veces sin aparente motivos, pues ella sentía probablemente esa misma sensación de frustración y temor.

En la página cinco de su libro dice lo siguiente: Lo más que yo conocía del mundo que me rodeaba, lo más que yo me atemorizaba todo el resto de las personas eran mis enemigos, y si trataban de acercarse a mi ese era para mí su mejor arma.

Independientemente del temor lógico que cada niño pueda sentir es aun mas fuerte si confronta este síndrome ella estaba rodeada de un ambiente en que la violencia era el plato de cada día (violencia familiar) todo esto la colocaba a ella en una situación muy difícil. Los niños ó personas con este síndrome sienten mucho al mundo que los rodea es por eso que al tratar de incorporarlos a este tenemos que hacerlo lentamente y con mucha cautela aun así muchas veces no funciona, y esta bien pues esto es parte de ser una persona con este síndrome.

Hay que hacerles entender que ellos si pueden tener el control de sus vidas, y de esta manera no fracasar en el intento aunque lo mas natural sea que esto de una lucha que tendrá que ser diaria y por tiempo indefinido pues ellos son muy recelosos y tomara mucho tiempo el poder avanzar en este campo (La paciencia es la clave mas importante).

En la pagina siguiente ella habla como su papá le traía objetos pequeños y brillantes y como entendiendo su situación los utilizaba estos para contarles cuentos que se inventaba y de esa forma ayudarla a entender mejor el mundo que la rodeaba. Todos sabemos que los niños autistas adoran los objetos pequeños y brillantes convirtiéndolos en parte importante de su maravilloso y pequeño mundo.

Mas adelante ella cuenta cual difícil fue para ella entender que su papá y el narrador de los cuentos no eran dos personas diferentes como ella lo había imaginado, sino que eran en realidad una misma persona.

Aquí en este punto quiero detenerme haciendo un paréntesis, pues aquí tenemos la oportunidad de aprender algo: Nosotros como padres podemos hacer lo mismo que hizo el papá de Donna, y utilizando los juguetes y los libros de cuento introducirlos poco a poco en el mundo que les rodea, sabemos que para todos los niños sus juegos son parte fundamental de su crecimiento pues mediante ellos comienzan a evacuar sus dudas con el mundo exterior, y además en ocasiones descubren cosas que van mas allá de lo que

nosotros podríamos imaginar.

Esto puede y debe de ser utilizado como terapia pues todos tenemos la capacidad de aprender mientras jugamos.

En su libro ella habla acerca de lo importante que fue en su vida la presencia de su abuelo, (en la mía también lo fue, mi abuelo materno fue mi primer maestro y gran amigo) y estoy segura que en la vida de todo niño siempre existe un molde al que queremos parecernos cuando seamos grandes, yo tuve la suerte de tener mas de un molde y por ello doy gracias a Dios.

Ella también habla del pequeño mundo que su abuelo creo para ella y como se incluía él en dicho mundo. En este mundo la comunicación era por objetos él le daba un nombre a cada cosa, tomaban el desayuno y la merienda juntos, ella se sentía a salvo a su lado todo el tiempo, después hablaba de su gran enojo al descubrir un día que su abuelo había muerto, nunca olvido lo que le había echo (es aquí donde vemos la sensación de impotencia, incomprensión, frustración, vacío etc. tan marcada que ella sintió) dice: Me tomo 16 años entender que el no lo había echo intencionalmente, fue entonces que pude enterrar a mi abuelo y llore, llore mucho.

En esta etapa todo esta dicho, no hace falta agregar nada mas, solo que tenemos que ser muy cuidadosos como enfrentamos estas cosas cuando ocurren y como les trasmitimos a ellos que todo eso forma parte de la vida.

En la página #9 hay varias cosas que les ocurren a todos aquellos que tienen el síndrome por ejemplo: En la escuela elementar Arcola Lake hay algo muy similar que le ocurría a ella y que los maestros no la habían podido descifrar. Ella dice;

Yo jugaba tocándome y enrollándome el pelo, tocar el pelo de otros niños era el único contacto amistoso que hacia. En la escuela de Ernest hay un niño que hace exactamente lo mismo y sus maestros se rompen la cabeza, todos quieren saber el porque hace esto han llegado a pensar que simplemente le justa hacerlo, cuando en realidad nos podemos dar cuenta que él esta demostrando el afecto que siente por esa persona en especifico.

Ella habla además del miedo tan grande que le produce la oscuridad y del porque le daba miedo dormir, y como amaba el amanecer pues con el se disipaban las sombras de la noche.

Muchos de ellos tiene miedo a dormir es por ello que la mayoría de ellos duermen pocas horas en la noche y tratan de dormir durante el día, recuerdo en nuestro caso especifico en que mi esposo y yo turnábamos horas para poder dormir, y que Mary tuviera supervisión todo el tiempo, finalmente esta etapa fue en parte superada, pero ella duerme hoy en la actualidad con la televisión puesta y en ocasiones con una pequeña luz prendida en su lamparita de la mesa de noche y esto no garantiza que duerma toda la noche, a veces tengo que darle algo para que se relaje y podamos dormir el resto de la familia.

Habla además de la necesidad que tenia de saber donde estaban todos los miembros de la familia, y que todos estuvieran durmiendo en casa antes de irse a dormir, en nuestra experiencia aquí en casa Ernest no se duerme mientras un miembro de la familia permanezca fuera de la casa batalla con el sueño hasta el ultimo instante, cuando la persona llega es entonces cuando él se va a dormir.

En la página #18 ella habla de su pequeño mundo (su cuarto) y dice lo siguiente: Mi cuarto ese era mi mundo y la única persona autorizada a entrar en el era mi madre; al igual que ella para mi hija Mary su mundo es su cuarto en el que pasa la mayor parte del tiempo y al igual que ella no tolera a nadie mas que a mi y si alguien tiene que entrar por algún motivo tengo yo que estar presente, también como a ella mantiene la puerta de su habitación cerrada todo el tiempo se encuentre ella dentro ó fuera de la habitación, sea de día ó de noche.

Mary tenia un compañerito de clases que cada vez que uno de los otros chicos tomaba la muñeca que tenían para jugar las niñas y le quitaba las extremidades él se echaba a llorar con gran sentimiento, entonces los profesores se estaban rompiendo la cabeza tratando de dar con el motivo por el cual él actuaba de esta manera. Al leer este libro encontré la respuesta, Para Rene la muñeca era real, en su mundo él la veía con vida y cuando el veía que algún de sus compañeros le quitaban las extremidades él percibía el dolor que ella estaba sufriendo, de ahí que lloraba con tanto sentimiento y frustración, al verse imposibilitado de luchar en contra de quienes le estaban haciendo ese daño pues tenia miedo que le hicieran a él lo mismo.

Al final de este libro ella nos habla del lenguaje del cuerpo ó lenguaje corporal esto ya es conocido por todos solo que esto es específicamente a como es en los niños y personas con este síndrome, basado en su propia experiencia, considero esto de suma importancia.

Para todos los que derecha é indirectamente están relacionados con personas que tengan esta condición pues les enseñara a conocerles mejor y a entender mejor sus comportamiento.

Ella presenta 20 movimientos diferentes, aquí Yo les voy a presentar algunos de ellos.

1.   Movimiento de cabeza: Lo hacen asadamente para descansar la tensión y producir un ritmo en su cabeza cuando su mente les grita algo muy alto.

2.   Movimiento de saltar: Esta acción entre otras cosas significa que tienen esperanza, es además la vía de poner todo el cuerpo en armonía mientras realizan estos movimientos.

3.   E l movimiento de encender y apagar las luces: El sonido que sienten al encender y apagar las luces ellos lo perciben como algo impersonal pero a su vez los conecta con las cosas que están fuera de su mundo esto sucede además con el sonido de las campanas y la música dándoles una sensación de placer que no

les da ningún otro de los objetos brindándoles una sensación de seguridad.

4. Movimientos de conectar objetos similares: Este movimiento les enseña la relación que hay entre dos ó mas cosas al ver esto objetivamente es la forma mas correcta de tener la esperanza de que algún día sea posible para ellos poder sentir y aceptar esta relación en el mundo.

5. El movimiento de la riza: La mayor parte del tiempo lo hacen para dejar escapar el temor, la tensión y la ansiedad, protegiendo así sus verdaderos sentimientos con respecto a los demás.

6. Movimiento de aplauso: Aplaudir significa una buena indicación de placer, pero además significa el final de algún evento y el principio de otro.

7. Movimiento de romper el papel: Simboliza básicamente la separación de otros seres queridos, rompen el papel además para poder reducir la tensión que esta ú otras experiencias en la que la tensión se encuentre presente.

8. Movimientos de romper objetos de cristal: Es una manera de romper la pared invisible que existe entre ellos y los demás, es la pared entre el consiente y el subconsciente.

Recomiendo leer este libro si saben el idioma ó tienen a alguien que se los pueda traducir pues aquí podrán despegar muchas de sus dudas.

En su segundo libro ella habla básicamente de cómo rompe las cadenas del síndrome y comienza su entrada en lo que para ella seria su nuevo mundo. Este libro que es muy interesante tiene a su vez algunos datos de los que quisiera hablar con todos ustedes.

Comencemos pues con algunos de estos comentarios: En la pagina #8 ella habla acerca de la importancia del medio ambiente del cual esta rodeada la persona, en su caso su medio ambiente no era nada favorable al punto de que ella vivía atemorizada todo el tiempo y esto hacia mas difícil el que ella pudiera romper ese encierro que es el autismo.

Ella dice: El miedo era mi peor enemigo, tenemos que darles un entorno lo más normal posible y donde ellos se sientan lo mas seguros posibles, cuando notemos que están atemorizados tenemos que darle importancia, y tratar de que evacuen ese miedo y fortalecerlos, debemos explicarles el porque no deben de sentir ese miedo y sirviendo como ejemplos para ellos, esto es muy importante ya que el temor los obliga inconscientemente a encerrarse cada vez mas en si mismos alejándose mas de la posibilidad de poder romper el circulo del síndrome.

A continuación ella dice lo siguiente: Yo me sentía segura en mí mundo odiaba todo aquello que trataba de sacarme de el, sin ninguna motivación todavía estaría allí: en este mundo no importaba las gentes, lo buenas que fuesen pues no tenían la oportunidad de competir.

No cabe duda para mi entender que su caso era "Autismo emocional" al menos así lo clasifico yo pues estaba basado en el miedo que ella tenia por todo cuanto le rodeaba. Solo imponiéndose a ese miedo ella podía romper ese círculo y esto fue lo que finalmente hizo logrando así su libertad.

La mayoría de los niños y personas con este síndrome en general no duermen casi nada para la mayoría de ellos el dormir de 3 a 4 horas es mas que suficiente aparentemente pues todos sabemos lo importante que es dormir para nuestro organismo y la cantidad de cosas que ocurren mientras dormimos". Por lo tanto la pregunta seria ¿Qué pasa con ellos por que duermen tan poco tiempo?, Donna dice lo siguiente: Dormir no era un lujar seguro para mi, dormir era un lugar donde la oscuridad te comía vivo, donde no había luz, ni color, en la oscuridad no podía ver mis reflejos, no podía perderme, el dormir llega y te roba apoderándose de todo tu control. Cualquier cosa que me robara todo mí control no era un amigo mío.

En esta situación no solo vemos el miedo que ellos experimentan al dormir sino también lo importante que es para ellos el sentirse en control de sus vidas es por ello que les cuesta tanto salirse del síndrome pues al hacerlo van a darse de frente con un mundo que le es hostil, y para los que no están preparados esto los coloca en una situación desventajosa con respecto a los demás, sintiéndose nerviosos, inseguros, indefensos.

Es importantísimo que cuando son niños que nosotros tenemos el control y que no tienen nada que temer puesto que siempre que nos necesiten estaremos ahí para ayudarlos. Es también muy importante que cada vez que ellos le tengan miedo a algo trabajemos sobre esa situación para que cada día que pase vallan teniendo mas seguridad en si mismos, recordemos que para ganar esta guerra tendremos que ganar millones de pequeñas batallas.

Algo muy importante es no abusar del control que nosotros tenemos sobre ellos como padres, maestros etc. manteniendo en alto su autoestima todo lo que se pueda y esa sensación de seguridad que tanto necesitan para no sentirse desamparados y a merced de los demás pues si esto ocurriera daríamos un paso adelante y tres hacia detrás.

Este dato es muy importante, ella nos dice al respecto en la página 10:

Mi despertar al mundo comienza cuando descubro mi propia integración ó sea mi propio yo, ya no necesitaba a ninguna caracterización, necesitaba a Donna, me necesitaba a mi misma, al yo que había estado oculto por todo ese tiempo, necesitaba conocer mejor a mi verdadera entidades otras palabras Yo resumo esto diciendo lo siguiente: Donna rompe con todos los esquemas que anteriormente tenia establecidos, con todos los antiguos moldes, con todos sus miedos para descubrir el maravilloso ser humano que había en ella.

Entonces que aprendimos de su historia de vida entre otras cosas: Aprendimos que tenemos que ayudarlos a encontrarse a si mismos, para que de este modo muchos de ellos puedan un día romper con ese circulo que los mantiene atrapados, atados al autismo y puedan finalmente emprender el vuelo hacia una vida plena.

Aplicando la Cromo armonización al Autismo

Introducción:

Mi hermana Sonia acaba de llegar de un viaje realizado recientemente a la ciudad de México D.F. de esta ciudad me trajo de regalo un libro que como muchos de ustedes han podido darse cuenta es acerca de los colores, ella sabe que entre las cosas que yo disfruto esta el pintar y decorar la casa así que cuando lo vio no lo pensó dos veces y me lo compro.

Lo que ni ella, ni yo ni el autor del libro pensamos en esos momentos que este libro podría ser utilizado para de alguna manera ayudara a combatir el síndrome del autismo, mas así fue ya que a medida que lo fui leyendo y analizando descubrí que estos datos pueden ayudar a cambiar para un mejor comportamiento la conducta en las personas con este síndrome, así que lo tome y lo convertí en un arma mas para esta batalla. Quiero agradecer a mi hermana por acordarse de mi y traerme este libro que de ahora en adelante tendrá un valor especial para personas con familiares con problemas especiales y a su escritor por poner esta arma en nuestras manos, El escritor: Edy Gou.

Muchos de ustedes se estarán preguntando ¿Que tiene esto que ver con el autismo?

Recordemos que en el universo todo esta conectado formando un gigantesco circulo al que yo llamo "Circulo Universal", pues bien ahora y sin mas preámbulos vamos a investigar esta nueva puerta que se abre para que caminemos por ella hacia delante.

Estos son párrafos tomados textualmente de este magistral libro:

Ella dice: Soy una convencida de que el individuo como tal no existe, es una conducción de la trinidad. Mente, cuerpo y espíritu.

Salud es el estado ideal normal, salud es estar armónico física, psíquica y espiritualmente. Cuando el espíritu se desarmoniza por causas endógenas, es desestabiliza lamente y se produce la enfermedad en el órgano que mas se asemeja a sus emociones ó sentimientos.

Con todos mis respetos es aquí en lo que yo no estoy de acuerdo con el escritor, para mí nosotros somos una trinidad pues fuimos creados a imagen y semejanza de Dios, al igual que Dios Padre, Dios Hijo y el Espíritu santo, nosotros somos cuerpo, alma y espíritu.

Yo al igual que ella si veo al ser humano como parte de este universo pero no veo porque tener que separar la mente del cuerpo si ella forma parte de este, cuando Dios creo el cuerpo puso en él todo lo que cada uno de nosotros íbamos a necesitar entre esa partes esta la mente que a su ves forma parte del mecanismo de la memoria.

Ahora en lo que si estoy de acuerdo es en que para que exista una buena salud los tres tiene que estar en armonía y que para esto la mente juega un papel muy importante.

La doctora continúa diciendo: La tierra, cada planeta y cada galaxia tiene su propia aura,

como si fuera un arco iris compuestos de varios colores cada uno, estos colores tienen una vibración diferente de acuerdo con el elemento que predomine. Esta aura es como un resplandor que ilumina y rodea todo lo creado, que emana y varia según sea la materia, el estado y la forma de las cosas, el aura humana también tiene estas correspondencias de colores, que difiere ya sea por la actividad que realiza la persona, por sus ideales, afinidades y las emociones sentimientos y sensaciones a que este sujeto en ese momento.

Por medio de la voluntad, la perseverancia y el deseo, podemos obtener magníficos resultados y logros increíbles.

Mientras que inconscientemente estamos recibiendo vibraciones de cada elemento que nos rodea, si nuestras emociones son positivas, por la ley lo igual atrae lo igual, recibiremos vibraciones benéficas, en cambio si nuestro estado es depresivo y melancólico solo adsorberemos negatividad.

Por medio de la cromo armonización concordamos nuestras emociones y hasta pueden cambiar los sentimientos, y estaremos prevenidos contra toda discordancia que pudiera provocar disturbios.

El aura esta compuesta por pequeñas partículas de luminosidad pueden ser de color definido sin manchas negras. Estas manchas se producen cuando descubrimos desequilibrios. La gama de colores que forma el aura de las casa desestabilizadas se comprueba por medio de la maquina Kirlian, aunque algunos sensitivos logran verlas después de un determinado entrenamiento.

La función de la cromo armonización es regular por medio de la vibraciones de los colores los centros emotivos y energéticos vacíos desestabilizados causantes de la enfermedad, el enfermo debido a su estado emotivo negativo aumenta su pulsión de muerte inconsciente, al encontrar su armonía interior, por medio de la aplicación de este método se produce el equilibrio necesario para que aumente su pulsión de conservación y recupere su salud.

Hay distintos métodos para aplicarlos: Aprovechar las radiaciones planetaria, uso de lámparas eléctricas, colores en las vestimentas, transmisión de luces y gases de colores.

Otro de los métodos que se puede utilizar es por medio de la psicoquinesias, utilización de pirámides, la pintura del habitad, el uso de jabones y sales de baños coloreados.

Los seres humanos necesitamos de la cromo armonización. Para tal fin es preciso entender que la oscuridad forma parte del proceso y esta representada por al Yin, mientras que la luz esta representado por el Yong, ya que genera el calor y la activación de energía.

Este libro tan interesante nos enseña acerca del misterio del mundo de los colores, del efecto que estos producen en nuestras vidas y por ende como utilizando distintas técnicas podemos beneficiarnos para mejora nuestra salud y estado de vida; Yo recomiendo para quien sea posible leer todo el libro.

Recuerdo que cuando era una niña mi abuelo materno siempre me decía: Si colocando un libro debajo de tu almohada al irte a dormir sientes ó piensas que vas a aprender algo entonces duerme con él debajo de tu almohada; Hoy que han pasado los años y él ya no se encuentra físicamente entre nosotros reconozco que mi abuelo era sin duda alguna un hombre sabio.

Ahora bien ¿Cómo puede afectar todo esto en la lucha en contra del autismo?

Pues bien después de leer el capitulo de orden y significado de los colores, y su aplicación llego a estas conclusiones:

Ya sabemos que los niños autistas duermen pocas horas (padecen de insomnio)

La mayoría de ellos son hiperactivos

El color Azul es el ideal para decorar la habitación porque este color tiene un efecto relajante y analgésico por excelencia, ayuda de una manera natural a combatir el insomnio.

El color Blanco tiene como una de sus cualidades traer paz al espíritu (por lo tanto se podrían combinar ambos colores para el cuarto)

El color Amarillo eleva la psiques y el espíritu, aunque fomenta la inseguridad, aquellas personas que sean inseguro si lo utilizan deben de combinarlos con colores que aumenten su seguridad, para de esta manera mantener un balance, pero a su vez aumente el Intelecto y trabaja sobre la expansión de la conciencia.

Por ello yo pintaría las aulas de estos tres colores, Azul, Blanco, y Amarillo pues de esta manera los niños estarían mas relajados esto equivaldría a mejor concentración, al aumentar su intelecto y expandir su conciencia estarían en la disposición de asimilar mejor las clases y al tener paz espiritual sus conductas serian mas moldeable permitiéndoles a los profesores poder guiarlos con mas facilidad, sin duda alguna los resultados a fin de curso seria muchísimo mejores.

El color Rosado además de demostrar la ternura y el buen trato aplaca la cólera, y los sentimientos negativos tranquilizan la histeria y ayuda con el insomnio.

Esto nos da la oportunidad de decorar el cuarto de una niña autista (ó cualquier niña) de la siguiente manera, techo blanco, paredes color rosa, muñecos y cojines para la cama en color azul y utilizar el color dorado como complemento ya sea en las cortinas, combinaciones para la cama, cuadros etc. Porque el color dorado atrae la sabiduría y la tranquilidad espiritual, rechaza las ondas negativas y atrae las positivas.

Pero los colores no solos son importantes en la decoración de nuestra casa, escuelas y hospitales sino que también lo son en nuestros baños y hasta en nuestras ropas. El momento del baño es sin lujar a duda muy importante para todos, desde tiempos inmemorable fue un rito mas ahora estamos en condición de agregar el color del jabón y las sales del baño coloreadas.

Continuando con la explicación la doctora da en uno de sus párrafos este consejo: En caso de que el momento sea el ideal y no existan disturbios en nuestro espíritu, lo lógico es elegir el color con nuestro signo de nacimiento y de acuerdo con la decisión que hemos tomado con respectos a nuestros objetivos.

Es muy importante que reine siempre la armonía entre los colores que hemos tomado al vestir existen en este libro otros temas que yo no tocare pero que siento son muy interesante, recomiendo leerlos si esta a su alcance.

Para terminar como dato curioso les diré que mi hija autista las lámparas frecuentes la irritan y la ponen de mal humor, por ello en su cuarto trato siempre de colocarle lámparas con luces regulares, sobre todo porque a la hora de dormir le es mas fácil relajarse.

Después de estos breves consejos espero que sepan como pintar sus casa para mejorar el funcionamiento de las personas afectadas por este síndrome y de toda la familia, ya que los cuartos son independiente, en cuanto a las áreas comunes hay colores como el naranja, es increíble para la cocina, (ayuda a una buena digestión), la variedad de colores verdes, el amarillo, variaciones de blancos, etc.

Proyección Astral

El primer capitulo en el que vamos a trabajar en este libro ha sido titulado por su autor como: El arte de vivir el arte de vivir como es conocida por todos en la proyección astral la mente es consiente de lo que sucede, pero desde una perspectiva diferente de la del cuerpo físico el cual permanece pasivo. La proyección astral experiencia extra corporal que ocurre natural y espontáneamente.

La proyección astral nos permite actuar de dos formas diferentes.

Relación con el mundo material

1.   Viajar   a   cualquier   lujar   y experimentar del mundo material.

   a.   Emprender obras especiales a distancias, tales como la curación sin estar presentes.

   b.   Conocer y comunicarse con otros seres en estado extra sensorial

2.   Relación con el cuerpo astral

   a.   Ver y investigar el verdadero significado de las cosas

   b.   Ejecutar cambios, primero a nivel astral y luego como resultado a nivel material

Nuestros   pensamientos   y   sentimientos ocasionan cambios a nivel material y efectos en lo astral muy comúnmente de una manera negativa y fortuita, pero podemos trabajar de una manera positiva y contrarrestar a las tendencias negativas de esta clase, al funcionar corporalmente.

Con el aumento de conciencia, usted hará un permanente de dos principios. La mente puede influenciar el cuerpo para mantener la salud

La mente puede controlar el cuerpo en forma nueva y especial. La proyección astral crea la integración total personal. La voluntad trabaja a través de la mente racional a su vez la mente racional trabaja a través del cuerpo astral, y por ultimo el cuerpo astral que trabaja a través del cuerpo físico, solo por medio de un vinculo astral ó emocional. Los cambios en el nivel astral pueden ser afectados por la interacción del cuerpo astral con la mente racional y el cuerpo físico.

Los centros de actividad ó chacras corresponden a ciertas partes del cuerpo físicos y forman puertas entre los niveles de existencias, estos centros son globos de energías conectados a la contraparte astral de la espina.

Después de leer estos datos tan interesantes y analizarlos las preguntas que todos nos hacemos será ¿Qué tiene esto que ver con las personas que padecen el síndrome de Autismo?

Pensemos y analicemos; Yo hablo mas delante de tres tipos de Autismo, es una nueva clasificación que yo he creado a medida que he ido estudiando é investigando los distintos tópicos en estos libros escritos por profesionales cada uno en su materia y que no tenían nada que ver con el Autismo, pero que yo analizándolos minuciosamente los he ido desempolvando, me justaría que no se dejaran llevar totalmente por mi y que cada uno de ustedes tomaran un lápiz y una libreta (a ustedes le será mas fácil pues en mucho de ellos yo tuve incluso que hacer la traducción para que fuera entendible para todos ustedes) anotaran sus propias conclusiones y llegaran al final a encontrar sus propias respuestas, luego las compararan con las mías para ver cuantos estamos de acuerdo y en cuantas cosas lo estamos y si tienen algún comentario lo enviaran a tnxiomara@hotmail.com "Las tres caras del autismo".

El autismo puede ser causado por un problema emocional, algo que por algún motivo hizo que la persona se fuese enserando asimismo y por algún descuido involuntario no se le dio importancia no dándole así el seguimiento que esto necesitaba en su momento y causo que la mente lo archivara en el subconsciente, manifestándolo mas tarde al cuerpo astral y este a su vez lo paso al cuerpo físico.

Este tipo de autismo puede y debe ser curado en su totalidad por medio de la hipnosis. Independientemente de este proceso tenemos que reforzar sus mentes con cosas positivas y decirles: Tú controlas tu mente, tu voluntad te pertenece, tú puedes y debes, esto ayudara al inconsciente a luchar contra el intruso que se ha apoderado de su mente y como consecuencia de su vida.

Continuemos leyendo y analizando este libro que aunque no fue escrito con fines de ayudar al síndrome del autismo sin duda alguna nos podrá ayudar en esta lucha. La experiencia extra corporal sucede en forma natural, poder dejar su cuerpo físico a voluntad tiene grandes ventajas y abre todas clases de posibilidades interesantes emocionales para todos ustedes. En términos generales hay dos clases de viajes astrales.

Hablemos de la primera clase: Esta es más fácil de lograr, allí el individuo se moviliza a nivel terrenal, reconoce amigos y lleva a cabo la curación. Si nosotros aprendiéramos a realizar este viaje y a consecuencia a utilizarlo como una terapia podríamos penetrar la mente de la persona afectada con este síndrome y en muchos casos podríamos curarlos de una manera total. (No haga esto si no esta preparado si quiere intentarlo busque ayuda de un profesional, pues si no lo ase estaría poniendo en riesgo su vida y la del familiar a quien pretende ayudar).

Todos los seres humanos al dormir tenemos viajes astrales, ya que nuestro cuerpo astral (espíritu) sale de nuestro cuerpo terrenal y viaja teniendo nuevas experiencias, solo que la mayoría de nosotros no hemos aprendido la diferencia entre un sueño y un viaje astral.

ESTO ES MUY INPORTANTE: LAS PARACTICAS DE LA PROYECCION ASTRAL NO PUEDEN SER HECHAS POR PERSONAS QUE TENGAN: ENFERMADADES DEL CORAZON, ALTA TENCION ALTERIAL, CUALQUIER ALTA AFECCION DE LOS NERVIOS, PROBLEMAS EN EL SISTMA CIRCULATORIO, Y POR ÚLTIMO PADECIMIENTOS DE INDOLE RESPIRATORIOS. Estos son los datos que yo pude conseguir tal vez existan otros mas por ello esto tiene que ser guiado por un profesional en la materia.

La Hiperactividad en el Autismo

Pasemos ahora al siguiente tópico: La hiperactividad y el autismo durante mucho tiempo me estuve preguntando a mi misma ¿que es la hiperactividad?

Todos nosotros de igual manera cuando conocemos a alguien que es muy inquieto/tal decimos que es hiperactivo pero, ¿Qué produce esa hiperactividad que no todos lo tenemos?

En este caso específico refiriéndome al síndrome del autismo ya que la mayoría de ellos tienden a ser hiperactivos utilizaremos como estudio para tratar de encontrar las respuestas el libro escritos por los doctores en la materia: Sam Goldstein, sicólogos de niños y al Doctor: DR: Michael Goldstein neurólogo para niños. Demás esta decirles que agradezco a los doctores el poner a disposición de todos nosotros sus conocimientos y capacidades al igual que su esfuerzo, tiempo y dedicación en este increíble trabajo en equipo. Muchas gracias.

Comenzando en la página tres de este libro encontramos lo siguiente: De acuerdo a investigaciones echas a cerca de la hiperactividad se ha encontrado que es el problema mas común y persistente entre los niños es persistente y crónico porque no hay cura, es a su vez un problema con el cual los maestros y familiares tenemos que trabajar día a día.

La hiperactividad presenta distintas facetas que se extienden hasta llegar a la edad de la adolescencia. Cuando esto ocurre son varios los aspectos que se pueden ver afectados debido a que su conducta es totalmente impredecible, entre ello tenemos su progreso a nivel escolar, su forma de relacionarse con los demás, incluyendo su personalidad.

Muchos investigadores creen que es producto de un desbalance de una sustancia química en el cerebro mas esto no ocurre en todos los casos, hay muchos casos en que es producido por la ansiedad (los niños y personas con autismo tienden a ser ansiosos y se frustran con mucha facilidad) y la frustración, debido a que los padres no le prestan toda la atención que ellos exigen. Hay niños que por su temperamento necesitan más atención que otros, por ello los doctores consideran que es importante hacer una evaluación cuidadosa para poder determinar el origen del problema aun cuando esta podría ser complicada y no existe un tés que pueda diagnosticar con certeza la hiperactividad.

La hiperactividad es considerada por muchos como la inconsistencia en el comportamiento.

Para aquellos que la padecen cada día significa nuevos retos aquí ya queda contestadas las dos preguntas primera pregunta. Ahora sabemos el porque las personas que tiene el síndrome del autismo pueden llagar a ser agresivos tanto con ellos mismo como con sus seres queridos, la angustia de no poder darse a entender en la mayoría de los casos los lleva a la ansiedad, la ansiedad a la frustración y la frustración a la agresividad.

Nuestro próximo tópico serán las comidas: Como todos sabemos las comidas forman parte muy importante de nuestras vidas pues ellas son el motor de la energía que mueve nuestro organismo. Es como la gasolina para nuestro carro, es por ello que tenemos que tratar de mantener una alimentación lo mas balanceada posible aunque no siempre lo logramos pues no somos en la mayoría disciplinados en este aspecto, mas con estos niños y adultos tenemos la obligación de ser lo mas persistentes posibles.

Comidas que ayudan al cerebro

Las comidas que no son recomendables darles son:

1. Refrescos que contengan cola (estos los excitan mucho)
2. Todos tipo de cítricos después de las cinco de la tarde
3. Todo tipo de dulce con moderación incluyendo el chocolate (el azúcar es peligroso)

Dieta libre de Gluten y Coseina **se refieren a alimentos que tengan estos ingredientes se encuentran principalmente en las harinas de trigo, y en los lácteos (antes de iniciar cualquier tipo de dienta se recomienda quitar las azucares de ser posible visitar a un nutricionista)**

Estos son los que son recomendables:

1. Jugos de frutas
2. Cereales de fibras ó trigos
3. Carnes combinadas
4. Pan de lonche

Tratar de buscar dentro de su situación comidas que le apetezcan y lo beneficien en lo más posible, ellos son muy selectivos para sus comidas así que será necesario hacerles pequeñas trampitas para abriles el apetito, como dejar a su alcance las frutas, yogurt, panecillos etc.

Otro punto importante es darle a las comidas todo el tiempo que necesitan para ser bien cocinadas, por ultimo pónganle colores a las comidas para llamar su atención de esta forma les será mas atractivo a la vista haciendo que la curiosidad los lleve a la mesa.

Avitaminosis: consiste en proveer al niño (adulto) de una serie de vitaminas algunos estudios han demostrado que algunos de ellos carece ó tienen insuficiencia de ellas, las más frecuentes son: complejo B (B6, B12) y la vitamina C.

Minerales: El calcio, el cromo, y el acido fólico. Tratamientos químicos /fármacos: Estos son para los niños que tiñen en algunos casos una disfunción estos tienen que ser recetados y supervisados por un medico ya sea el pediatra ó el neurólogo, y recomiendo que antes de dárselas lean las contraindicaciones esto es muy importante.

A continuación estas son las comidas que causan más problemas sin incluir el azúcar con referencia a la hiperactividad.

1. Huevos
2. Naranjas
3. Trigo
4. Queso
5. Tomate
6. Mandarinas
7. Almendras (semillas)
8. Café

9.   Cola

Si desea mas información y tiene la posibilidad de hacerlo consulte a un nutricionista el podrá ser mas explicito con usted y decirle cuales son los alimentos que debe de comer su ser querido para su mejor aprovechamiento del cuerpo y de acuerdo a esto usted tendrá la posibilidad de elaborar a su familiar una lista de comida que le beneficie. Para los que no tienen la posibilidad de llevarlo al nutricionista busque información en los libros de

nutrición, el niño después le ira diciendo que le justa mas y que no esto le dará la posibilidad de ir quitando de su dieta aquello que al él no le juste y sustituirlo por algo que le juste y que sea de un mejor aprovechamiento. En este tópico toda la familia pueden cooperar no olviden a la sabiduría de las abuelitas.

Autismo un síndrome de tres caras

El autismo a pesar de ser un síndrome presenta diferentes etapas como si fuese una enfermedad, el autismo tiene diferentes etapas que van desde que el niño esta en formación en el vientre de su mamá asta que es un adulto incluyendo el proceso de la adolescencia que lo hace mas difícil, para mi después de todo lo que he investigado y aprendido con mis hijos, el autismo se puede presentar por tres situaciones diferentes:

1.   Autismo físico
2.   Autismo emocional
3.   Autismo espiritual

El primer tipo de autismo es el físico que surge debido a que algo no esta bien en nuestros hijos, las neuronas no completadas a la edad de tres años, tal vez le sangre no irriga el cerebro como debiera, el sistema nervioso pudiera estar en deficiencia, otra podría ser que hay falta de calcio, etc......si hacen la tarea ustedes encontraran la respuesta yo tengo la mía es la siguiente: Las neuronas del cerebro no se terminan de formar hasta la edad de los tres años, es precisamente en esta etapa en que se comienza a deslumbrar el autismo en los niños con toda claridad, al no estar todas las neuronas necesarias formadas es lógico que la relación de trabajo entre cerebro y sistema nervioso se interrumpa en esa área, por lo tanto la red que ejecuta y lleva los mensajes que le ordena el cerebro no puede funcionar y es aquí donde radica el síndrome del Autismo.

En este caso no hay cura y tal vez nunca el abra pero con buenas terapias podríamos sacarle partido a otras áreas del cerebro que si están funcionando en toda su capacidad y lograr que ellos tengan una vida lo más fructífera que les sea posible.

La segunda posibilidad en mi lista es el Autismo emocional ó emotivo: Cualquier persona que tenga una emoción fuerte que no la quiera recordar para evitar el dolor puede ensimismarse en si mismo, ó sea encerrarse en si mismo y poco a poco crear su propio mundo llegando al punto de aislarse cada día mas del mundo que le rodea convirtiéndose de esta manera en una persona con el síndrome del Autismo, a los padres que tengan hijos que sean algo retraídos en cuanto a sus relaciones con los demás primero averigüen si hay algo ó alguien que los ha dañado y préstenle toda la ayuda posible, no los regañen, apóyenlos.

Segundo estén siempre observándolos, para que estas pequeñas señales que nos envían no pasen desapercibidas y cuando se den cuenta ya sea más complicada y difícil la situación.

La próxima cara del autismo es el Autismo espiritual:

Muchos de ustedes al leer pensaran que yo estoy un poquito loca pues como es eso de que existe la posibilidad de que un síndrome como este pueda tener su conmutación en el espíritu de la persona, pues bien voy a explicarme y después de lo que les voy a decir se darán cuenta que no es tan descabellado como parece al principio, solo que esto nunca lo escucharan de los labios de un medico de medicina general y menos de un psiquiatra. Si queridos amigos el síndrome del autismo pudiera ser originado en al espíritu de la persona, hay quienes afirman que nosotros ante de encarnar en la materia física escogemos desde nuestros padres hasta las pruebas que vamos a pasar en esta vida (plano) ya que es a través de ellas que vamos a crecer espiritualmente, emocionalmente, entonces esto podría significar que cuando llegamos a este plano ya tendríamos bajo nuestro brazo lo que en la mayoría de nuestros países que hablamos el español decimos con este refrán (Cada niño trae un pan debajo del brazo) solo que no lo recordaríamos pues de hacerlo ya no tendría ningún sentido pues ya sabríamos que hacer en todo momento y no pondríamos a prueba nuestra capacidad como seres humano.

Ahora si utilizamos la hipnosis y viajamos a través de ella en el tiempo y el espacio abriendo esas puertas que están cerradas en la mente se podría llegar a un plano superior, abriendo los archivos que están tan celosamente guardados esto representaría la gran oportunidad de encontrar las posibles causas del Autismo entonces podríamos comenzar a trabajar con estos materiales informáticos buscando la forma mas adecuada de reformarlos (cambiarlos)para que de esta manera el subconsciente se abriera y el autismo poco a poco fuese desapareciendo de la persona y tendría la posibilidad de llevar una vida normal (Sana).

Este método también sirve para tratar el autismo emocional. Se trabajaría solamente sobre la causa que ocasiono el dolor que a su vez provoco que la persona se aislara creando así su propio mundo, además recuerden que en este caso se pueden utilizar terapia externas de motivación que le demuestra que a pesar de todas las dificultades la vida es hermosa, es un regalo maravilloso que Dios nos da y que vale la pena vivir y agradecerle a Dios por esta oportunidad, oremos a Dios con humildad por el mejoramiento y recuperación de nuestros seres queridos, pidámosle y él nos ira abriendo los caminos.

Ahora solo me queda desearles y desearme a mi misma que tengan mucha suerte la batalla es larga y fuerte (No hay pero batalla que la que no se da) que Dios les bendiga, Amen.

La tabla del Autismo

Esta tabla como yo le llamo la cree para facilitar y enfatizar alguno de los tópicos que ya hemos estudiado a lo largo del camino de este libro.

Para el beneficio de todas las personas que tratan diariamente con personas de todas las edades que padecen de este síndrome, un mal que cada día lastimosamente se acrecienta mas en nuestra sociedad que aun los científicos no le han encontrado la cura pues sus orígenes pueden ser variados y en regla general ellos siguen enfrascado en un solo tipo, el autismo físico.

1.   Recordar siempre que nadie es culpable de esta situación

2.   Hacer todo lo que este a su alcance para que la situación mejore

3.   Ayuda profesional tan pronto perciba que un miembro de la familia presenta estas características.

4.   Saber reconocer los 25 síntomas que se pueden presentar cuando existe este síndrome

5.   Si existe tomar todas las medidas de seguridad posible para hacerle la vida más segura a la persona con el síndrome y más tranquila para el resto de la familia Tratar al máximo que la persona afectada se integre lo

mas posible a la normalidad (la rutina familiar, escolar etc.)

6.   Detener las actividades cotidianas y buscar información

7.   Cuando nos enojemos por no tener las respuestas para cualquier situación que se nos pueda presentar, salir de la casa aunque sea por unos minutos al patio, al portal, y relajarnos, meditar y tratar fríamente de buscarle una solución si conocemos a alguien que tenga algún familiar con esta situación hablar con esa persona quizás ya halla pasado por algo similar y nos pueda dar un consejo que pueda ayudarnos.

8.   No hacer comentarios negativos delante de ellos pues aunque no lo crean la mayoría entienden y esto seria muy contraproducente para el mejoramiento de ellos.

9.   No dejar a estos niños sin ninguna supervisión, recuerden que en su mayoría son impredecibles.

10.   Tan pronto sea detectado el síndrome comience a trabajar con ellos en las clases especiales, si en su país no existen estos recursos conviértase en su maestro, infórmese de lo que va. a necesitar para dichas clases y hágalo yo se que usted puede.

11.   Jamás se avergüence de ellos, ni les haga sentir vergüenza sus hijos con algún tipo

de incapacidad ó sin ella siempre serán sus hijos y su continuidad, hágales sentirse orgullosos cada vez que logren un adelanto por pequeño que parezca, pues para ellos el esfuerzo es gigantesco y es así como usted lo debe de ver y hacérselos sentir.

12. Recuerden que cada caso es individual y diferente como diferente tipos y niveles de Autismo hay, trátenlo de acuerdo a su nivel y al que ellos pertenezcan, esto les permitirá a todos los miembros de la familia entender mejor la situación y llevar una vida más estable emocionalmente para todos, pudiendo ayudarles con más efectividad

13. Viva el presente como si fuese el ultimo día de su vida, esto le ayudar a no angustiarse y dará lo mejor de si mismo

14. Aproveche la memoria fotostática que tienen, esto le ayudara a enseñarle a desarrollar otras áreas pues tienen una gran memoria

15. Háblele de Dios esto es muy importante pues le reforzara su autoestima y sabrán que pase lo que pase nunca estarán solos

16. Utilice todas las terapias que estén a su alcance para mostrarle lo hermoso que es la vida, evítele noticieros violentos, juegos violentos, actividades donde la violencia este

presente, esto no es bueno para nadie y menos para ellos

17. Mantengan siempre una estrecha vigilancia sobre su hijo/ha ó el familiar que esta en esta situación, en cuanto a todo lo concerniente a sus actividades en la escuela, y hágalo también con sus doctores, esto es muy importante pues mediante la comunicación constante cuando algo no le tenga satisfecho no se quede callado hágaselo saber a la persona indicada recuerde siempre que usted es la voz de ese familiar que esta impedido Haga bien su trabajo.

18. Si observa cambios en su conducta no se desespere demasiado recuerde que toda etapa viene acompañada de cambios y en este caso no abra muchas diferencias.

19. Involucre a toda la familia en el proceso pues así todos podrán ayudar, y las cosas serán mas fáciles, y el proceso de aceptación será mas rápido y de manera natural Disfrute a sus seres queridos aprenda a aceptarlos y a aceptarse tal y como es, en definitiva todas tenemos algún problema ya sea de índole física, emocional é incluso espiritual pero al final todos tenemos algo que ofrecer y todos tenemos algo que aprender los unos de los otros recuerden siempre que en este plano todos somos maestros y todos somos alumnos, ya que

ninguno de nosotros tiene la capacidad de saberlo todo y mucho menos de hacerlo todo perfecto

20.   Si se siente abatido por la situación y no ve la salida pida ayuda a las organizaciones que están en su comunidad, no dejen de hacerlo no se sientan avergonzado, recuerde nadie es culpable

21.   Si se siente frustrado pues en algún momento le va a fallar la paciencia y no tiene con quien desahogarse haga este ejercicio, escriba en un papel ó una libreta lo que siente en ese momento después léalo en alta voz esto le ara sentirse mejor cuando recupere su ecuanimidad analice lo que ocurrió y podrá encontrar una solución adecuada

22.   Esto va dirigidos a los padres especialmente, recuerden que el tener uno ó mas hijos con una discapacidad no los hace menos hombres que los demás no se escuden en el trabajo para tratar de ocultar su dolor, compártanlo con su esposa y el resto de la familia, pero sobre todo compartan tiempo de calidad con esas criaturas que no pidieron venir al mundo y que ustedes juntos engendraron por amor y con amor, entonces ha llegado el momento de demostrarles cuanto le aman

23.   Recuerden ustedes papá y mamá que son los Ángeles guardianes de estas personas

indefensas y que a la vez son los Ángeles guardianes de sus almas que están atrapadas dentro de sus cuerpos y no se pueden desarrollar de manera apropiada, todos los que de una ú otra manera están envuelto con ellos tenemos un deber no solo con ellos, y la

24.   sociedad , sino con Dios que confío en nosotros para que los cuidásemos y lo protegiésemos, para que los ayudemos y los orientemos en todo momento mientras que dure nuestra estadía en la tierra y le facilitemos las cosas para que puedan pasar esta prueba que les ha tocado.

25.   Información, paciencia, cordura, constancia y amor con esta receta guardada en el sobre laminado por la luz de Dios tendremos la capacidad de lograr el objetivo para el cual hemos sido puesto en este momento, en este espacio, de tiempo é infinito con esta misión, en este planeta llamado tierra.

Ahora solo me queda desearles una vez más mucha suerte a todos.

Hablemos del rol de la familia

Para hablar de la familia es importante comenzar diciendo que no solo los padres y hermanos son importantes, aquí todos cuentan los abuelitos, los tíos etc. Y es importante que todos participen dando lo mejor de si mismos de esta manera estarán ayudando a ese miembro de la familia que tanto lo necesita y le estarán facilitando un poco a los familiares más inmediatos para así poder tener una mejor convivencia familiar.

Los abuelitos pueden ayudar a los padres de varias maneras diferentes, colaborando con los que hacerse de la casa para que la mamá tenga un poco mas de tiempo para dedicárselo a la persona que esta con el síndrome, no tiene que ser todos los días con que les ayuden de 2 a 3 veces por semanas un par de hora ya será suficiente, si la abuelita ya es muy mayor y el niño es pequeño podrá sentarse con el/ella pintar, hacer juegos que le llamen la atención, ver películas, y esto le dará tiempo a su mamá para adelantar en algunos quehaceres de la casa sin tener que estar preocupada por lo que se le pueda ocurrir en un momento en que ella no lo esta observando, esto además servirá para que la persona en cuestión se valla abriendo poco a poco cada día mas y valla aumentando su autoestima.

Otra forma que tienen los demás miembro de la familia es quedándose con los niños al menos un día a la semana para que ellos puedan salir solos a desintoxicarse, a relajarse y dejar las tensiones al menos por un rato, esto es muy importante para la pareja, recordar como eran cuando eran novios y disfrutarse uno al otro, pues se mantendrán unidos y listo para enfrentar lo que venga por delante.

De la misma manera pueden colaborar los hermanos mayores y sobre todo papá, comparte calidad de tiempo con todos tus hijos pero involúcralos a todos para que los demás no se sientan rechazados esto es muy importante que sepan que a todos los quieres por igual que solo le dedicas en ocasiones un poco mas de tiempo al que tiene la condición precisamente por ello. Por esos es importante que de acuerdo a su edad le esplique y dejes tiempo también para el/ella.

Recuerden que todos somos responsable de cuidar de estas criaturas no importa la incapacidad que tengan, en realidad todos tenemos alguna solo que a ellos les toco simplemente "El Autismo"

Esta carta es para usted

Si, para usted que no tiene autismo y que tal vez no conoce a nadie que lo tenga ó que por el simple echo de no tener a nadie de sus seres queridos con esta condición piensa que no tiene por que informarse, le voy a decir con toda la sincerad que siempre tengo y de manera muy directa que esta cometiendo un gravísimo error, hoy la población de autistas crece cada día mas y todos tenemos que convivir dentro de la misma ciudad y del mismo mundo, va siendo hora de que tomen conciencia de esta alarmante situación y que comencemos a informarnos porque le juste ó no tarde ó temprano usted podría tener un hijo, un sobrino, un vecino incluso un nieto con el síndrome de autismo, ya sabemos que por el momento aun no existe una cura que pueda ser efectiva para todos los casos, algunos de ellos lo han logrado pero son los menos, así es que este proceso es lento pero las investigaciones continúan, las batallas se siguen dando en diferentes partes del mundo por médicos, científicos, terapéuticos, sicólogos, padres , maestros etc., si todos ponemos nuestro granito de arena podríamos hacer nuestra estadía y la estadía de aquellos que tengan cualquier tipo de incapacidad mas llevadera y feliz, recuerden que todos tenemos los mismo derecho tan solo por haber nacido, pero aun mayor y mas importante DIOS DICE (AMA A TU

PROJIMO COMO A TI MISMO) y si ese prójimo es desvalido nuestro compromiso Moral, Emocional y Espiritual es aun mayor.

Recuerden además que el autismo no conoce de razas, nacionalidades, culturas sociales, posición económica, no le interesa que régimen de gobierno esta en que país simplemente se aparece y toma lo que vino a buscar, esta en nosotros dar la pelea y si no podemos ganarle todas las batallas, ganarle al meno todas las que nos sean posibles.

Quiero agradecer a todas las instituciones que a través del mundo están ayudando en todo lo que pueden a aquellos que además de tener esta ú otras condiciones también viven el la pobreza donde la ignorancia es aun mayor, me justaría que se crearan clases para enseñar a los cuerpos de policías de todas partes del mundo acerca de este síndrome para evitar situaciones como las que ya se han dado en las cuales ha habido que lamentar y todo por la falta de enseñanza y entrenamiento, por ello recomiendo a todos que cuando tengan una situación que sientan que se les esta hiendo de las mano pidan "El rescate" **cuerpo de bomberos los paramédicos ellos podrán manejar mejor la situación** pues llamaran al hospital y un medico les dirá que es lo que tienen que hacer, además de la persona que esta a cargo de este sujeto. Recuerden **nunca a la policía (no están entrenados y seria peligroso**).

Hagamos un alto, hagamos conciencia y ayudemos a quienes mas nos necesitan, nuestros niños no olvidemos la frase que escribió nuestro apóstol José Martí "Los niños son la esperanza del mundo" entonces démosle esperanza a la esperanza del mundo.

Jesús Cristo dijo: "Dejad que los niños vengan a mí, porque de ellos es el reino de los cielo", hagamos lo correcto y que Dios les bendiga.

Conclusiones

Después de estar trabajando en este proyecto por aproximadamente cinco años lo doy por terminado con este libro, esto no significa que no vendrán otros en el futuro, aquí en este quise hacer algo especial y hasta cierto punto diferente quise aprender junto a todos ustedes y de la mano de los doctores aunque ellos no lo saben hasta ahora cuando vean y lean este libro todo una serie de datos e investigaciones que nos podrán ayudar mucho a entender mejor el síndrome y lo que pasa por las mentes de nuestros familiares afectados por esta condición. Todas las cosas que hemos aprendidos nos van a ayudar a combatir este síndrome, dándonos así nuevas armas para mejorar las condiciones de vida de nuestros seres queridos y lograr un mejor entendimiento de este, a nivel familiar y social en general.

Quiero agradecer de todo corazón a todos los autores de cada uno de los libros que utilice como referencia para analizar y estudiar tratando de sacarle el mayor provecho posible, tomando todo aquello que se pudiese aplicar al síndrome del autismo, pues en cada uno de ellos encontré datos muy interesantes, deseo agradecerle a los profesores que contestaron mis cuestionarios, y a todos y en general prefiero no nombrarlos uno por uno pues no quiero omitir a ninguno y a todos los nombro dentro del libro cuando estudio los tópicos que tienen que ver con sus escritos, quiero felicitarlos a todos por el trabajo que hacen para el bien de la humanidad, poniendo al alcance de todos sus conocimientos cada uno dentro de su materia, y es por esto y por todos ellos que tenemos que seguir dando la batalla, no podemos dejar que la frustración, ni el cansancio nos rindan.

Como seres humanos tenemos mucho que aportar y mucho más que aprender, cuando lean este libro tomen lápiz y papel háganse su propio cuestionario y ténganlo a mano con las preguntas y respuestas que mas les interese así si en algún momento les surgiera un inconveniente sabrán que hacer.

Dentro de este libro esta mi coreo electrónico, si desean darme su opinión, ó intercambiar opiniones, quizás preguntarme algo, é incluso darme alguna sugerencia, amigas y amigos míos soy toda oídos. Lamento no haber podido publicar este libro mucho antes pues si ven la fecha en que comencé con esta serie (específicamente con este libro) ya tiene algunos años, pero finalmente si se pudo. Que Dios les bendiga y adelante.